KATHARINAS
FITNESSKÜCHE

Gesund und glücklich leben ohne Weizen und Zucker

Katharina Traub

Olivia Verlag

KATHARINAS
FITNESSKÜCHE

Gesund und glücklich leben ohne Weizen und Zucker

Katharina Traub

Olivia Verlag

INHALT

WIE ALLES BEGANN

Du hältst gerade mein erstes Buch mit vielen Rezepten, Geschichten und einem Einblick in mein Leben in der Hand. Darüber freue ich mich total! Bis ich dieses Buch schreiben konnte, musste ich eine lange Entwicklung durchmachen.

Als ich vor ein paar Jahren zum Studieren bei meinen Eltern ausgezogen bin, war es für mich unvorstellbar, dass ich mal gerne und vor allem gesund koche, backe und esse. Mein sieben Jahre jüngerer Bruder hat schon damals besser gekocht als ich.

Beim ersten Date mit meinem Freund Sebastian griff ich größtenteils auf Fertiggerichte zurück, denn – ganz ehrlich – mit dem, was ich in der Küche fabriziert habe, konnte man keine Preise und schon gar keine Herzen gewinnen. Ich verriet ihm damals gleich, dass ich weder kochen noch backen kann. Da wir beide aber sehr gerne essen, habe ich solange geübt, bis es geschmeckt hat. Die Küche sah häufig wie ein Schlachtfeld aus, aber das war mir egal. Auf das Ergebnis kam es an. Und auf Sebastians Meinung. Er hat jedes Gericht probiert und das meiste davon sogar aufgegessen. Er ist mein bester Probe-Esser und härtester Kritiker.

WAS TUT MEINEM KÖRPER GUT?

Doch meine wahre Kochbegeisterung kam erst später. Nach einiger Zeit in meiner Studentenwohnung musste ich mich wegen einer Fehlstellung der Hüfte am Becken operieren lassen. Während der Wochen, die ich im Krankenhaus und in der Reha verbrachte, habe ich mich viel mit dem Thema „Gesunde Ernährung" beschäftigt. Ich wollte genau wissen, welche Lebensmittel meinem Körper helfen, so schnell wie möglich wieder auf die Beine zu kommen.

Aus dem neugierigen Interesse von damals ist eine große Leidenschaft für gesundes Essen geworden. Vor allem, da ich gemerkt habe, wie viel besser es mir geht, wenn ich auf Fertiggerichte, Fast Food, Zucker, Weizenprodukte und viele verarbeitete Lebensmittel verzichte. Nachdem ich ein Jahr später noch einmal operiert werden musste, erholte sich mein Körper wesentlich besser, und ich konnte viel schneller wieder laufen als nach der ersten Operation. Dieses „gesunde Jahr" hat meine Laune und Leistungsfähigkeit deutlich verbessert.

Um die Hüfte wieder vollständig einsetzen zu können, habe ich in der Reha gezielte Trainingsübungen erlernt. Bis heute trainiere ich meinen Körper regelmäßig. Aus der Kombination aus gesundem Essen und Fitnessübungen entstand KATHARINAS FITNESSKÜCHE.

JEDER KANN GESÜNDER LEBEN

Ich kann von ganzem Herzen und aus voller Überzeugung sagen, dass ein gesundes und fittes Leben ein besseres Leben ist. Egal, aus welcher Motivation heraus man es beschließt: Jeder kann gesünder leben. Dabei geht es nicht um Verzicht, sondern lediglich um eine kleine Veränderung, die dann aber auch sehr schnell Freude bereitet und die alten Gewohnheiten durch neue und bessere ersetzt.

Langfristig gesund und glücklich, das habe ich schon mit ein paar ganz einfachen Veränderungen geschafft und freue mich, diese Erfahrung mit dir in meinem Buch teilen zu dürfen.

Deine Katharina

Aus dem neugierigen Interesse von damals ist eine große Leidenschaft für gesundes Essen geworden.

Stell dir vor, du bist im Urlaub, hast ein unfassbar gutes Frühstück in deinem Hotel, kannst aber kaum etwas essen, da dir noch das Frühstück vom Vortag wie ein Stein im Magen liegt. Das ist mir vor einigen Jahren passiert. Nachdem ich am dritten Tag auf Joghurt umgestiegen bin, ging es mir gleich besser. Ich habe dann täglich notiert, was ich gegessen und wie ich mich damit gefühlt habe. Dadurch fand ich heraus, dass vor allem Weizenprodukte bei mir ein Völlegefühl und Unwohlsein auslösen.

MEIN GESUNDER SPEISEPLAN

Zurück aus dem Urlaub ging ich zum Arzt und ließ mich auf Unverträglichkeit von Weizengluten testen, das Ergebnis war negativ. Trotzdem versuchte ich von da an, weniger Weizen zu essen und fühlte mich gut damit.

Mit dem Zucker machte ich eine ähnliche Erfahrung: Mein Fitnesstrainer empfahl mir, auf Zucker zu verzichten. Ich habe damals meine Speisen mit herkömmlichem Zucker gesüßt und auch viel und gerne damit gebacken. Aus Neugier machte ich sechs Wochen lang eine Zuckerdiät. In den ersten Tagen hatte ich nur „Entzugserscheinungen". Nach drei Wochen gab es erste Erfolge: Ich war nicht mehr so oft müde und schlapp, sondern fühlte mich fit und war gut gelaunt. Und meine Haut wurde reiner und glatter. Trotz dieser positiven Erfahrungen holten mich meine alten Essensgewohnheiten leider bald wieder ein.

ES HAT „KLICK" GEMACHT

So richtig „Klick" gemacht hat es 2014 in der Reha. Ich verbrachte dort eine längere Zeit nach meiner ersten Hüftoperation und setzte mich intensiv damit auseinander, wie Lebensmittel auf den Körper wirken. Ich wollte wissen, ob und wie ich meinen Organismus durch eine gesündere Ernährung bei der Genesung unterstützen konnte.

Die meisten Weizenprodukte werden nicht aus Vollkorn gemacht, sondern aus raffiniertem Weißmehl. Durch die Verarbeitung der Körner gehen Mineralien, Vitamine und Eiweiß verloren. Weiterhin sind die Bäckereien bestrebt, möglichst viel Brot in kurzer Zeit herzustellen. Dies geht zu Lasten der Teigführung. Wenn die Gärzeit der Teige nicht mindestens 4 bis 6 Stunden beträgt, ist der Gehalt an kurzkettigen Kohlenhydraten sehr hoch. In den meisten Großbäckereien ist nur eine Teigruhezeit von ca. 30 Minuten vorgesehen. Daher enthalten diese Brote deutlich mehr blähenden Zucker und sind somit schlechter verträglich. Deren Genuss bringt dann besonders für Menschen mit Reizdarm die Beschwerden. Und auch mir taten diese herkömmlichen Weizenprodukte ja nicht gut.

Außerdem lernte ich „süßer Zahn" natürliche Zuckeralternativen kennen, die nicht wie der

Frischer Schrot aus Roggen und Milch ergeben ein vollwertiges Frühstück.

Haushaltszucker stundenlang raffiniert werden und dabei ihre Nährstoffe verlieren. Von da ab verbannte ich Weizen und raffinierten Zucker endgültig von meinem Speiseplan.

ES MUSS NICHT IMMER WEIZEN SEIN

Heute verwende ich nur noch Lebensmittel, die für mich besser verträglich sind. Anstelle des Weizens greife ich zu alternativen Getreidearten wie Dinkel. Er hat viele Ballaststoffe und macht lange satt. Außerdem enthält er ein Aminosäurengemisch, das sich positiv auf die Stimmung auswirkt. Oder Hafer: Er beinhaltet viel Eiweiß, Kalzium und die Vitamine B1 und B6 und hilft, die Blutfettwerte zu senken und so das Herz-Kreislauf-System zu schützen.

Durch ihren hohen Anteil an Kieselsäure ist Hirse gut für Haare, Nägel und Haut und strafft das Bindegewebe. Außerdem hat Hirse viel Eisen, das die Blutbildung fördert. Quinoa, das „Korn der Inkas", schützt mit viel Magnesium und Vitamin B2 vor Kopfschmerzen.

BIRKENZUCKER, HONIG & CO.

Als Zuckerersatz verwende ich gerne Agavendicksaft, da er Mineralstoffe und Spurenelemente in größeren Mengen enthält. Er weist aber auch jede Menge Fruchtzucker (Fruktose) auf und wird daher nicht von allen Menschen gut vertragen. Eine sparsame Verwendung ist also ratsam. Auch Zucker in Form

von Obst gehört für mich zum Leben dazu, genauso wie die darin enthaltenen Vitamine und Nährstoffe. Es ist aber immer alles eine Frage des richtigen Maßes.

Birkenzucker (auch als Xylit bekannt) kommt in vielen Pflanzen vor. Er enthält nur 40 Prozent der Kalorien des Haushaltszuckers und schützt sogar vor Karies. Die gesündeste Alternative zum Haushaltszucker ist der Honig. Er hat zwar nicht weniger Kalorien, dafür aber viele gesunde Stoffe und kann sogar ähnlich wie ein Antibiotikum wirken.

Ich verwende auch Kokosblütenzucker. Dieser ist der teuerste Zucker, da er nur von Hand aus den Blüten der Kokosnuss gewonnen werden kann. Er lässt den Blutzuckerspiegel nicht so stark in die Höhe steigen.

SELBSTMACHEN IST DIE LÖSUNG

Ich meide Lebensmittel, die verarbeitet sind, Fertigmahlzeiten und Fast-Food. Wieso steckt Zucker in der Streichwurst, in eingelegten Heringsfilets, in Kartoffelchips und im Pesto? Damit der Appetit angeregt wird und wir das Produkt unterbewusst durch den süßen Beigeschmack lecker in Erinnerung behalten. Dies kann süchtig machen.

Deshalb habe ich mich entschieden, möglichst viel selbst zuzubereiten. So behalte ich den Überblick über das, was ich esse und kann selbst entscheiden, welche Zutaten ich beim Kochen verwende.

KÜCHE

ZÄHLE KEINE KALORIEN,
SONDERN SCHÖNE ERLEBNISSE.

~

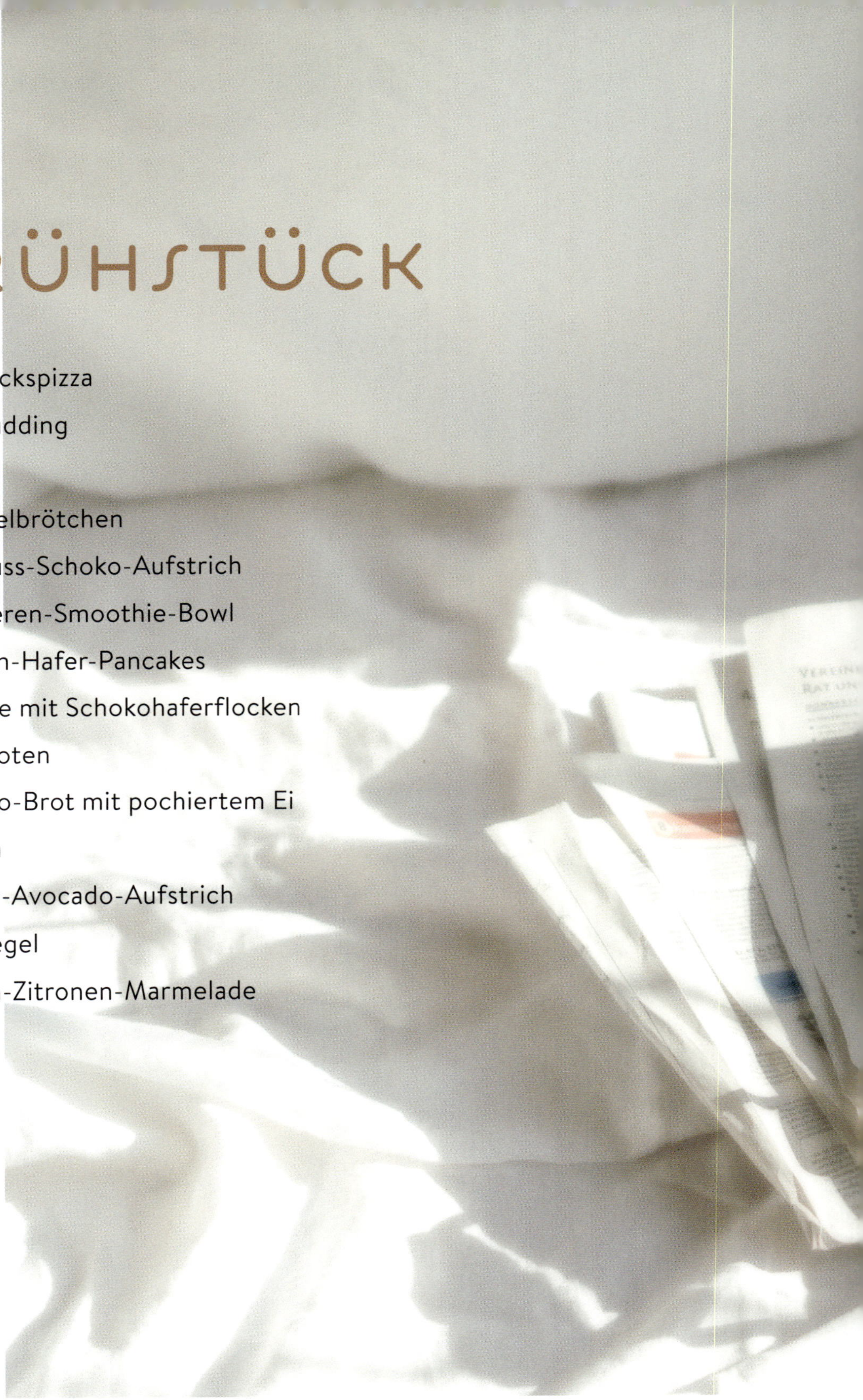

FRÜHSTÜCK

Frühstückspizza

Chia-Pudding

Waffeln

Kartoffelbrötchen

Haselnuss-Schoko-Aufstrich

Açaíbeeren-Smoothie-Bowl

Bananen-Hafer-Pancakes

Porridge mit Schokohaferflocken

Hefeknoten

Avocado-Brot mit pochiertem Ei

Granola

Cashew-Avocado-Aufstrich

Müsliriegel

Möhren-Zitronen-Marmelade

Kennt ihr das? Wenn man morgens die Augen öffnet, sofort gute Laune hat und weiß, das wird ein wunderbarer Tag? Falls nicht, ist das gar kein Problem, ich kenne das nämlich auch nicht. Wenn ich morgens aufstehe, erinnert das mehr an eine Folge aus „The Walking Dead". Ich kenne niemanden, der morgens so wenig kann und will wie ich.

Umso besser ist es, wenn morgens dann – wie in meiner Familie üblich – niemand vor dem ersten Kaffee anfängt, viel zu reden. Ein gebrummeltes „Guten Morgen" reicht auch vollkommen aus.

PANCAKES, WAFFELN & PORRIDGE

Das Einzige, das mich morgens wirklich begeistern kann, ist ein tolles Frühstück. Wenn ich einen gewissen Koffeinspiegel aufgebaut habe, kann es so richtig losgehen. Dann ist meine gute Laune tatsächlich kaum mehr

Wenn ich morgens aufstehe, erinnert das mehr an eine Folge aus „The Walking Dead". Ich kenne niemanden, der morgens so wenig kann und will wie ich.

zu bremsen. An diesem Punkt angekommen freue ich mich darauf, ein wunderbar leckeres und frisches Frühstück zuzubereiten.

Am liebsten frühstücke ich süß. Tatsächlich ist das die einzige Mahlzeit, bei der ich auf herzhafte Gerichte verzichten kann. Ich liebe Pancakes, Waffeln und Porridge. Superlecker sind dazu frische Früchte. Wenn es mal schnell gehen muss, mache ich mir auch gerne einen Smoothie. Ob mit oder ohne Haferflocken hängt davon ab, wann die nächste Mahlzeit ansteht.

KLEINE RAUPE NIMMERSATT

In dem Kindergarten, in dem ich arbeite, haben wir geregelte Mahlzeiten, die Kinder sollen sich an einen festen Essensrhythmus gewöhnen. Leider existiert ein solcher bei mir quasi nicht. Ich habe permanent Hunger und knabbere den ganzen Tag heimlich Nüsse, die ich in den Hosentaschen vor den Kindern verstecke.

Am Anfang hat es noch funktioniert, ich konnte meine kleinen Snacks verbergen. Aber mittlerweile haben mich die Kinder enttarnt und nennen mich „Die kleine Raupe Nimmersatt". Aber wenn's gesund ist, darf man doch auch ein klein bisschen zwischendurch essen, oder?

Pizza zum Frühstück klingt wie ein wahrgewordener Traum, oder? Und dann auch noch als süße Variante. Für mich kann ein Tag eigentlich nicht besser anfangen als mit einer süßen – und gesunden! – Pizza. Mit jeder Menge Obst obendrauf.

FRÜHSTÜCKSPIZZA

Für 2 Personen ~ Dauert 30 Minuten

Man nehme 1 Eiweiß ~ 100 g Haferflocken ~ 3 EL Honig ~ 1 Pfirsich ~
150 g Naturjoghurt (1,5 % Fett) ~ 50 g Himbeeren ~
50 g Brombeeren ~ 1 Handvoll Minzblätter

1 ~ Schlage das Eiweiß mit einem Handrühr-gerät steif und rühre die Haferflocken und den Honig vorsichtig mit einem Spatel unter, bis eine gleichmäßige Masse entsteht.

2 ~ Teile die Masse in zwei Portionen und lege sie mit ausreichendem Abstand auf ein mit Backpapier ausgelegtes Backblech. Forme sie zu zwei flachen, runden Pizzaböden.

3 ~ Backe die Pizzen 10 bis 12 Minuten im vor-geheizten Backofen bei 180 °C, bis sie schön goldbraun gebacken sind. Schneide den Pfir-sich in kleine Schnitze.

4 ~ Nimm die Pizzaböden aus dem Backofen und lasse sie kurz abkühlen. Bestreiche sie mit dem Joghurt und belege sie mit den Pfirsich-stücken und Beeren. Dekoriere die Pizzen mit den Minzblättern.

*#pizzazumfruehstueck #obstliebe #pizzastart #morgenwonne #minzblattdeko
#traumgericht #suessevariante #obstzugabe*

Ich liebe Chia-Pudding, und trotz aller Proteste meines Freundes wegen des seltsamen Aussehens bewahre ich immer welchen im Kühlschrank auf. Auch meine Mama war von meinen ersten Zubereitungsversuchen mit Chia wenig begeistert und hat sie eher mit Kaviar verglichen, anstatt sie als Frühstück anzuerkennen. Tatsächlich sind die dunklen Samen nicht besonders schön anzusehen, dafür aber richtig gesund, machen lange satt und sind in Kombination mit frischem Obst einfach unschlagbar.

CHIA-PUDDING

Für 2 Personen ~ Dauert 30 Minuten

Man nehme 5 EL Chia-Samen ~ 250 g Hafermilch ~ 3 TL Honig ~ 200 g Erdbeeren ~
100 g Quark (20 % Fett) ~ 100 g Naturjoghurt (1,5 % Fett)

1 ~ Verquirle die Chia-Samen, die Hafermilch und 1 TL Honig in einem Glas und lasse alles 15 Minuten ziehen. Damit sich keine Klümpchen bilden, rühre gelegentlich um.

2 ~ Püriere die Erdbeeren mit 2 TL Honig in einem Mixer und rühre den Quark und den Joghurt in einer Schüssel mit einem Schneebesen cremig.

3 ~ Schichte abwechselnd den Quarkjoghurt, die Chia-Samen und das Erdbeerpüree in einem Glas. Stelle den Chia-Pudding ca. 5 Minuten in den Kühlschrank.

*#chiastattkaviar #nichtschoenabergesund #chiapudding #chiaseedslover
#gesundfruehstuecken #einherzfuerchiasamen*

Ich war sechs Jahre alt, als ich meiner Oma erklärte, dass ich Waffeln backen wolle. Ich behauptete, alles schon alleine zu können. Letztlich hat meine Oma die Waffeln gemacht und ich habe vom Teig gegessen. Eine bessere Küchenhilfe als mich findet man also nur schwer. Denn essen kann ich noch etwas besser als kochen – und das ist bis heute so geblieben.

WAFFELN

Für 2 Personen ~ Dauert 45 Minuten

Man nehme 1 Ei ~ 40 ml Agavendicksaft ~ ¼ Vanilleschote ~
75 g Dinkelmehl Type 1050 ~ 75 g gemahlene Haferflocken ~
1 Messerspitze Backpulver ~ 150 ml ungesüßte Mandelmilch

1 ~ Trenne das Ei und schlage das Eiweiß mit einem Handrührgerät steif. Verquirle das Eigelb und den Agavendicksaft mit einem Handrührgerät schaumig.

2 ~ Schneide die Vanilleschote der Länge nach auf, kratze das Mark heraus und gib es mit dem Mehl, den Haferflocken, dem Backpulver und der Milch zur Eigelbcreme. Verquirle

alles gut mit dem Handrührgerät. Hebe den Eischnee mit einem Spatel vorsichtig unter den Teig.

3 ~ Erwärme das Waffeleisen auf mittlere Hitze und backe die Waffeln portionsweise aus, bis sie goldbraun sind. Dazu passen frisches Obst, etwas Honig oder Puderzucker.

#waffelsympathie #teignascher #essenkannichbesseralskochen
#waffelbaeckerin #duftet #waffelig #ichliebewaffeln

Schon meine Oma hat ihr Brot selbst gebacken, genauso meine Mama. Auch ich liebe es, den Teig zu kneten und den Duft von frisch gebackenem Brot aus dem Ofen zu riechen. Das erinnert mich jedes Mal an Familie, zu Hause und eine knusprige Brotrinde in meinen Kinderhänden.

KARTOFFELBRÖTCHEN

Für 6 bis 8 Brötchen ~ Dauert 1 Stunde und 30 Minuten

Man nehme 350 g mehlig kochende Kartoffeln ~
2 TL Salz ~ 300 g Dinkelmehl Type 630 ~ ½ Würfel Hefe (21 g)

1 ~ Schäle die Kartoffeln und gib sie zusammen mit 1 TL Salz in einen Topf mit ausreichend Wasser. Koche sie 20 Minuten, bis sie weich sind.

2 ~ Schöpfe 75 ml vom Kochwasser ab und stelle es beiseite. Schütte die Kartoffeln in ein Sieb und lasse sie abtropfen. Drücke sie mit einem Löffel durch das Sieb in eine Schüssel.

3 ~ Füge das Mehl, die zerbröselte Hefe und 1 TL Salz zu dem Kartoffelbrei. Knete alles mit den Händen zu einem schönen Brotteig. Decke ihn mit einem Geschirrtuch ab und lasse ihn 30 Minuten gehen.

4 ~ Wenn der Teig schön aufgegangen ist, teile ihn in 6 bis 8 Portionen und forme runde Brötchen daraus. Lege diese auf ein mit Backpapier ausgelegtes Backblech. Achte darauf, genügend Platz zwischen den Brötchen zu lassen, da sie beim Backen noch aufgehen.

5 ~ Backe die Brötchen 35 bis 40 Minuten im vorgeheizten Ofen bei 160 °C Umluft, bis sie goldbraun sind, und lasse sie auf einem Kuchengitter abkühlen. Am besten schmecken sie frisch und knusprig.

*#brotduft #semmellust #knusperrinde #familiengefuehl #teigkneten
#malwasanderes #kartoffelglueck*

Jeder kennt Nutella. Allerdings bin ich nicht begeistert von den hohen Mengen an Zucker und gesättigten Fetten darin. Das ist genau das Gegenteil von dem, was auf meinem gesunden Speiseplan steht. Um dennoch nicht auf diese Leckerei verzichten zu müssen, mache ich sie einfach selbst. Gesund heißt nämlich nicht Verzicht – nur Verbesserung.

Haselnuss–Schoko–Aufstrich

Für 6 bis 8 Portionen ~ Dauert 1 Stunde

Man nehme 250 g Haselnüsse ~ 1 EL Kokosöl ~ ½ Vanilleschote ~
3 EL entöltes Kakaopulver ~ 3 EL Birkenzucker

1 ~ Verteile die Haselnüsse gleichmäßig auf einem Backblech und röste sie 10 Minuten im vorgeheizten Backofen bei 170 °C Ober- und Unterhitze. Sollten die Haselnüsse dunkel werden, kannst du sie vorsichtig drehen. Lasse sie gut abkühlen.

2 ~ Püriere die Nüsse mit dem Kokosöl in einem Mixer, bis sie cremig sind. Schneide die Vanilleschote der Länge nach auf, kratze das Mark heraus und gib es mit dem Kakaopulver und dem Birkenzucker zu der Nusscreme.

3 ~ Mixe alles zusammen 10 Sekunden auf mittlerer Stufe und fülle es anschließend in ein Aufbewahrungsglas.

4 ~ Besonders lecker schmeckt der Haselnuss-Schoko-Aufstrich mit frischen Vollkornbrötchen.

*#selbstgemacht #schokonuss #birkenzucker #haselnussig
#suesseraufstrich #haselnussfan*

Eine wahre Vitaminbombe aus Brasilien,
von der wir noch viel hören werden.

Ich bin für neue Foodtrends immer zu haben und probiere sehr gerne neue Sachen aus. Mein Lieblingstrend in den letzten Jahren sind die Superfoods, die man inzwischen in fast jedem Supermarkt kaufen kann. Ganz besonders toll finde ich dabei die Açaíbeeren, da sie unglaublich gesund sind.

Açaíbeeren–Smoothie–Bowl

Für 2 Personen ~ Dauert 15 Minuten

Man nehme 500 g Naturjoghurt (3,5 % Fett) ~ 2 EL Açaíbeeren-Pulver ~
2 EL Kokosblütenzucker ~ 50 g Sonnenblumenkerne ~
200 g Beeren (z. B. Erdbeeren, Brombeeren und Himbeeren)

1 ~ Verrühre den Joghurt mit dem Açaíbeeren-Pulver und dem Kokosblütenzucker in einer Schüssel, bis eine glatte Creme entsteht.

2 ~ Gebe den Joghurt in zwei Schüsseln und verteile darauf die Sonnenblumenkerne und die Beeren.

*#superbeere #acaipalmenfrucht #trendsetter #wundermittel
#ausprobieren #brasilienschoenheit #beerenparty #lieblingstrend*

So ziemlich alles ist ein klein bisschen besser, wenn es die Miniversion von etwas ist. Pfannkuchen sind folglich auch nur halb so cool wie Pancakes. Deshalb habe ich den „Pancake Sunday" eingeführt, an dem ich mit viel Liebe für meinen Freund, meine Familie und mich das Frühstück mache. Dabei gibt es dann natürlich immer Pancakes für jeden – mit dem Topping seiner Wahl.

BANANEN–HAFER–PANCAKES

Für 2 Personen ~ Dauert 1 Stunde

Man nehme 50 g Haferflocken ~ 50 g Dinkelmehl ~ 1 Messerspitze Backpulver ~
1 reife Banane ~ 2 EL Honig ~ 75 ml Hafermilch ~ 1 Ei

1 ~ Mahle die Haferflocken in einem Mixer, bis sie ganz fein sind. Mische diese mit dem Dinkelmehl und dem Backpulver.

2 ~ Schäle die Banane und drücke sie in einer Schüssel mit einer Gabel klein. Füge den Honig, die Hafermilch und das Ei hinzu und rühre alles mit einem Handrührgerät schaumig.

3 ~ Gib das Mehl und die Haferflocken unter Rühren löffelweise dazu und verrühre alles zu einem flüssigen Teig.

4 ~ Erwärme eine Pfanne auf mittlere Hitze und backe die Pancakes in kleinen Portionen von jeder Seite 2 bis 3 Minuten, bis sie gold-braun sind.

*#pfannkuchenfruehstueck #pancakesunday #miniversion #toppingnachwahl
#pancaketurm #sonntagsgefuehl*

Am besten schmecken die Pancakes zu einem Turm gestapelt, mit etwas flüssigem Honig oder frischen Früchten.

Porridge ist vom Foodtrend zum absoluten Klassiker geworden. Man kann Porridge wirklich immer und mit allem essen. Besonders lecker finde ich die Kombination aus Porridge, Schokolade und frischem Obst. Besser kann ein Tag wirklich kaum starten.

PORRIDGE MIT
SCHOKOHAFERFLOCKEN

Für 2 Personen ~ Dauert 30 Minuten

Man nehme 100 g zarte Haferflocken ~ 2 EL Kakao ~ 1 EL Honig ~
350 ml ungesüßte Mandelmilch ~ 1 EL Vollrohrzucker ~
1 Prise Salz ~ 200 g Obst nach Wahl

1 ~ Vermische 30 g Haferflocken, den Kakao und den Honig. Verteile die Flocken gleichmäßig auf ein mit Backpapier ausgelegtes Backblech und röste sie 10 Minuten im vorgeheizten Backofen bei 160 °C Umluft.

2 ~ Gib die Mandelmilch, 70 g Haferflocken, den Vollrohrzucker und das Salz in einen

Topf, rühre gut um und erhitze den Porridge. Lasse ihn 5 Minuten unter ständigem Rühren bei mittlerer Hitze köcheln und fülle ihn in eine Schüssel.

3 ~ Schneide das Obst in Stücke und verteile es mit den Schoko-Haferflocken auf den Porridge.

#trendporridge #beststarter #fruehstuecksklassiker
#porridgeoderauchhaferbrei #haferbreifreunde #fruehstuecksfavorit

Hefegebäck schmeckt ganz wunderbar, allerdings muss man bei der Zubereitung einiges be-
achten. Anfangs habe ich zum Beispiel Hefe mit Salz vermischt, und herausgekommen ist
eine Schuhsohle anstatt eines Brotes. Der Hefeteig gelingt übrigens auch nicht, wenn er an
einer zugigen Stelle steht. Nachdem ich ein paar „Schlappen" gebacken habe, an denen man
sich die Zähne ausbeißen konnte, weiß ich nun ganz genau, wie der Hefeteig funktioniert
und richtig lecker schmeckt.

HEFEKNOTEN

Für 6 bis 8 Portionen ~ Dauert 1 Stunde und 30 Minuten

Man nehme 400 g Dinkelmehl ~ 100 g Birkenzucker ~ 1 Prise Salz ~
½ Würfel Hefe (21 g) ~ 200 ml Milch (1,5 % Fett) ~ 30 ml Kokosöl ~ 2 EL Honig ~ 1 Ei

1 ~ Vermische das Mehl mit Birkenzucker
und Salz in einer Schüssel. Forme eine kleine
Mulde und brösele die Hefe hinein.

2 ~ Erwärme die Milch mit dem Kokosöl in
einem Topf und rühre den Honig mit dem Ei
hinein. Wenn die Milch lauwarm ist, gib sie
zum Mehl und knete alles gut durch, bis du
einen homogenen Teig hast.

3 ~ Decke die Schüssel mit einem Geschirrtuch ab und lasse den Hefeteig an einem
warmen Ort mindestens 30 Minuten gehen.

4 ~ Wenn der Teig schön aufgegangen ist,
teile ihn in 6 bis 8 Portionen und flechte
daraus Zöpfe. Deiner Kreativität sind dabei
keine Grenzen gesetzt.

5 ~ Lege die Hefeknoten mit Abstand zuein-
ander auf ein mit Backpapier ausgelegtes
Backblech und backe sie 25 bis 30 Minuten
im vorgeheizten Ofen bei 160 °C Umluft.
Wenn sie goldbraun geworden sind, lasse sie
abkühlen.

6 ~ Am liebsten esse ich die Hefeknoten ganz
frisch, noch leicht lauwarm und mit etwas
Weidebutter.

#hefeknoten #zopfhefe #hefeteigkannich #flechtkunst #weidebutter #aufgehen

Avocados könnte ich morgens, mittags und abends essen.

Ja, ich weiß, dass ich grundsätzlich gesund lebe und mir die Umwelt sehr am Herzen liegt. Und gerade deshalb kann man die Avocado eigentlich nicht mehr ohne schlechtes Gewissen genießen. Für mich gehört die Avocado aber einfach dazu! Ich liebe dieses grüne schrumpelige Ding total und könnte es morgens, mittags und abends essen. Kleine Ausnahmen darf man sich ja auch mal genehmigen, oder? Das gehört auch zum Leben.

Avocado-Brot
mit pochiertem Ei

Für 2 Personen ~ Dauert 30 Minuten

Man nehme 2 Scheiben Dinkelvollkornbrot ~ ½ Avocado ~ 2 Radieschen ~
3 EL Weißweinessig ~ 2 Eier ~ 1 Prise Salz ~ 1 Prise Pfeffer ~
1 Messerspitze edelsüßes Paprikapulver

1 ~ Röste die Brotscheiben in einem Toaster und lasse sie etwas abkühlen.

2 ~ Schneide die Avocado in dünne Schnitze und die Radieschen in feine Scheiben. Verteile beides auf die lauwarmen Brote.

3 ~ Bringe Wasser mit Essig in einem Topf zum Kochen. Erzeuge mit einem Holzlöffel einen Strudel ins Wasser. Schlage 1 Ei in eine Tasse und lasse es vorsichtig in das leicht drehende, siedende Wasser gleiten. Pochiere es 2 bis 3 Minuten, hole es mit einem Schaumlöffel heraus und lege es vorsichtig auf ein Brot. Pochiere dann das zweite Ei.

4 ~ Würze die Avocado-Brote mit Salz, Pfeffer und Paprikapulver.

#avocadolife #morgensmittagsabends #schrumpelig #eikochkunst
#avocadomitei #brotgenuss

Früher habe ich nicht gefrühstückt. Eine lange Zeit habe ich außer Kaffee überhaupt nichts morgens essen können. Erst mein selbstgemachtes Granola hat mich zur leidenschaftlichen Frühstückerin gemacht. Jetzt liebe ich diese mit Honig gebackenen Haferflocken mit Joghurt und Früchten. Der Kaffee gehört natürlich weiterhin zu meinem Morgenritual.

GRANOLA

Für 8 bis 10 Portionen ~ Dauert 1 Stunde

Man nehme 300 g Haferflocken ~ 30 g Cashewkerne ~ 30 g gehackte Mandeln ~
1 Prise Salz ~ 1 Prise Zimt ~ 25 g getrocknete Feigen ~
25 g getrocknete Datteln ~ 25 g Rosinen ~ ½ Vanilleschote ~
50 ml Kokosöl ~ 5 EL Honig

1 ~ Vermische Haferflocken, Cashewkerne und Mandeln und würze alles mit Salz und Zimt. Hacke die Feigen, Datteln und Rosinen klein. Schneide die Vanilleschote der Länge nach auf, kratze mit einem Messer das Mark heraus und gib es zu den getrockneten Früchten.

2 ~ Erwärme das Kokosöl mit dem Honig in einem Topf, bis die Masse flüssig ist.

3 ~ Gib alle Zutaten in eine Schüssel und ver-rühre sie gut. Verteile die Mischung gleich-mäßig auf ein mit Backpapier ausgelegtes Backblech.

4 ~ Röste das Granola 30 bis 35 Minuten im vorgeheizten Backofen bei 170 °C Umluft, bis es schön goldbraun ist. Wende es dabei alle 10 Minuten.

5 ~ Nimm das fertige Granola aus dem Back-ofen, lasse es gut abkühlen und bewahre es in einem Müsliglas auf.

*#inhoniggebacken #kaffeeglueck #granolaleidenschaft #morgenritual
#granolig #salzundzimt #gesundindentag*

Cashewkerne haben einen ganz tollen, feinen Geschmack. Ich habe immer welche zu Hause. Am liebsten mag ich sie cremig gemixt als Grundlage für leckere Aufstriche, so wie für diesen mit Avocado, der bei keiner herzhaften Brotzeit fehlen darf. Dazu frisch gebackenes Brot und ich bin im „Cashewhimmel".

CASHEW–AVOCADO–AUFSTRICH

Für 8 bis 10 Portionen ~ Dauert 30 Minuten

Man nehme 200 g Cashewkerne ~ 1 Avocado ~ 1 TL Salz ~ 1 Messerspitze Pfeffer ~
1 Messerspitze Muskatnuss ~ ½ TL rosenscharfes Paprikapulver ~ 1 TL Zitronensaft

1 ~ Gib die Cashewkerne in einen Mixer und zerkleinere sie solange, bis sie eine cremige Masse geworden sind.

2 ~ Halbiere die Avocado, entferne den Kern und lege ihn zur Seite. Schäle die Avocado, gib sie zusammen mit Salz, Pfeffer, Muskat, Paprikapulver und dem Zitronensaft in den Mixer und püriere alle Zutaten 1 Minute auf mittlerer Stufe.

3 ~ Fülle den Aufstrich in eine Glasschale und bewahre ihn im Kühlschrank auf. Wenn du den Avocadokern noch hinzulegst, bliebt die frische Farbe länger erhalten.

*#aufstrichbasis #cashewhimmel #brotzeitlust #brotbelagmalanders
#nieohnekern #butterfrucht #fruchtaufstrich*

Ich schlafe wirklich gerne aus. Um morgens so lange wie möglich im Bett bleiben zu können, habe ich das perfekte Frühstück zum Mitnehmen gesucht. Da ich gerne Müsli, Granola und alles mit Haferflocken esse, habe ich ein leckeres Rezept für Müsliriegel entwickelt. Mit der weißen Schokolade sehen die Riegel dann auch noch fantastisch aus.

MÜSLIRIEGEL

Für 10 bis 12 Portionen ~ Dauert 1 Stunde und 30 Minuten

Man nehme 40 g getrocknete Datteln ~ 40 g getrocknete Feigen ~
40 g getrocknete Cranberries ~ 30 g Mandeln ~ 30 g Haselnüsse ~
250 g Haferflocken ~ 5 EL Honig ~ 1 EL Kokosöl ~ 1 Eiweiß ~
50 g weiße Schokolade mit Birkenzucker

1 ~ Schneide die Datteln, Feigen und Cranberries in kleine Stücke. Hacke die Mandeln
und Haselnüsse ganz fein. Gib die Nüsse und
Früchte zusammen mit den Haferflocken in
eine Schüssel.

2 ~ Erwärme den Honig mit dem Kokosöl in
einem Topf. Wenn die Masse flüssig ist, gib sie
in die Schüssel mit dem Müsli und verrühre
alles gut.

3 ~ Schlage das Eiweiß mit einem Handrührgerät steif und hebe es vorsichtig unter das

Müsli. Verteile die Masse auf ein mit Backpapier ausgelegtes Backblech. Forme sie
zu einem Quadrat mit der Höhe, wie du die
Riegel später haben möchtest.

4 ~ Backe die Masse 20 Minuten im vorgeheizten Ofen bei 160 °C, bis sie goldbraun
ist. Nimm sie aus dem Ofen, schneide sie in
Riegel und lasse sie vollständig abkühlen.

5 ~ Schmilz die Schokolade in einem Wasserbad, verteile sie netzartig auf den Müsliriegeln
und lasse sie abkühlen.

#langschlaefer #riegeltogo #schokodeko #dattelndrin #riegelweiselecker
#muesliesser #muesliistgesund

Ungewöhnliche Kombinationen haben es mir angetan. Ich probiere sehr gerne aus, was zusammenpasst und stoße dabei manchmal auf ganz tolle, ausgefallene Geschmackskreationen, zum Beispiel Grapefruit mit Basilikum, Erdbeere mit Rosmarin und eben Möhren mit Zitronen. Gerade diese Kombination schmeckt als Marmelade ganz wunderbar – und die weichen Karotten finden so auch noch ihre Verwendung.

MÖHREN–ZITRONEN–MARMELADE

Für 4 bis 6 Portionen ~ Dauert 1 Stunde

Man nehme 750 g Möhren ~ 3 Bio-Zitronen ~ 50 ml Agavendicksaft ~ 50 g Kokosblütenzucker

1 ~ Schäle die Möhren und zerkleinere sie in einem Mixer. Schabe die Schalen der Zitronen ab und presse sie aus.

2 ~ Gib die Möhren, den Zitronensaft, 3 EL Wasser, den Agavendicksaft und den Kokosblütenzucker in einen Topf und erhitze alles. Koche die Masse 10 Minuten und rühre dabei ständig um.

3 ~ Wenn keine Stückchen mehr vorhanden sind, nimm den Topf vom Herd und rühre den Zitronenabrieb in die Marmeladenmasse.

4 ~ Fülle die Marmelade in saubere Gläser, verschließe diese und lasse sie mit dem Deckel nach unten 5 Minuten stehen. Dadurch bildet sich ein Vakuum in den Gläsern, das die Marmelade länger haltbar macht. Drehe die Gläser um und lasse sie abkühlen.

#moehremeetszitrone #karottenmarmelade #kombinationsfreude
#geschmacksexplosion #marmeladenkombi #morgenliebe

SCHNELLE REZEPTE

G

Gesund zu kochen oder zu backen ist weniger aufwendig, als man im ersten Moment denkt. Ich mag Rezepte, die im Handumdrehen fertig sind. Meine Tage sind in der Regel ziemlich lang. Mein Freund und ich kommen nach dem gemeinsamen Workout oft mit großem Hunger nach Hause, und auch bei allem Spaß am Kochen bin ich dann doch ziemlich erledigt. An manchen Tagen sind Rezepte ideal, die unkompliziert, einfach und schnell fertig sind, zum Beispiel gegarter Fisch und gebratene Hähnchenstreifen.

Auch wenn es schnell gehen muss, möchte ich nicht auf gesunde Nährstoffe verzichten. Ich liebe Süßkartoffeln, Zucchini, Auberginen – einfach so ziemlich jedes Gemüse, egal, ob es mit oder ohne Pasta zubereitet wird. Oder frische knackige Salate.

DAS SCHOKOLADENFIASKO
Doch bloß keine Hektik, sonst entsteht aus der Fitnessküche ganz schnell eine Chaosküche. Ich habe da auch schon so einiges erlebt, unter anderem einen Cupcake-Weitwurf, eine neue Tomatensoßen-Wandfarbe und sogar eine Schnellkochtopf-Explosion. Am schlimmsten war die Idee, „nur noch kurz" Schokolade zu machen – in einer frisch renovierten Küche mit weißen Wänden und weißen Fliesen. Ich hatte auch noch meinen weißen Bademantel an. Ich denke jeder kann sich vorstellen, wie das Vorhaben ausging. „Weiß" war jedenfalls danach nichts mehr.

GESUNDES ESSEN MACHT HAPPY
Daher sollte man sich die nötige Zeit zum Kochen nehmen und schön strukturiert vorgehen. Mit meinen schnellen Lieblingsrezepten hast du ja nun jede Menge Ideen und Gerichte, die auch mit knurrendem Magen im Alltagsstress oder in einer kurzen Mittagspause wunderbar funktionieren. Denn eine gesunde Ernährung macht uns leistungsfähiger, stressresistenter und glücklicher. Sie verändert dein Leben mehr, als du denkst.

An manchen Tagen sind Rezepte ideal, die unkompliziert, einfach und schnell fertig sind.

„Wenn du dich jetzt immer gesund ernährst, kannst du ja nie wieder Pizza essen!" war der erste Satz, den ich zu hören bekam, als ich mich dazu entschlossen hatte, gesund zu leben. Bis heute kann ich nicht verstehen, wieso so viele ein gesundes Leben mit Verzicht und Qual gleichsetzen. Dabei geht doch alles genauso weiter wie vorher, nur halt eben auf gesunde Art und Weise. Gesund leben macht Spaß und schmeckt!

Rote-Bete-Pizza

Für 2 Personen ~ Dauert 45 Minuten

Man nehme 500 g Dinkelmehl Type 1050 ~ 100 ml Hafermilch ~ ½ Würfel Hefe (21 g) ~
150 g gekochte Rote Bete ~ 1 Ei ~ 1 EL Olivenöl ~ 1 TL Salz ~ 1 Prise Pfeffer ~
50 g Tomaten ~ 125 g Mozzarella ~ 1 Handvoll Basilikum ~ 1 Handvoll Oregano ~
100 g Quark (20 % Fett) ~ 100 g Pizzakäse (geriebener Mozzarella)

1 ~ Gib das Dinkelmehl in eine Schüssel und forme eine Mulde in die Mitte. Erwärme die Hafermilch auf Zimmertemperatur, löse die Hefe darin auf und fülle sie vorsichtig in die Mulde.

2 ~ Püriere 75 g Rote Bete, das Ei, Öl, ½ TL Salz und Pfeffer in einem Mixer fein und gieße die Mischung in die Schüssel.

3 ~ Knete alles zu einem schönen Teig, decke ihn mit einem Geschirrtuch ab und lasse ihn 30 Minuten gehen.

4 ~ Schneide die Tomaten, 75 g Rote Bete und den Mozzarella in kleine Stücke. Hacke Basilikum und Oregano und verrühre die Kräuter mit dem Quark und ½ TL Salz.

5 ~ Rolle den Teig auf einem Backpapier aus und lege ihn auf ein Backblech. Bestreiche ihn mit dem Kräuterquark und belege ihn mit den Tomaten-, Rote-Bete- und Mozzarella-Stückchen. Streue den Pizzakäse darüber.

6 ~ Backe die Pizza 15 Minuten im vorgeheizten Backofen bei 180 °C Umluft.

*#ruebenpflanze #vitaminlieferant #rotebetesucht #gesundleben
#pizzaliebenalle #gesundlebenmachtspass #roteruebe*

Mein erstes Geschnetzeltes hat meine Oma gekocht. Jedes Mal, wenn ich bei ihr zu Besuch bin und sie mich fragt, worauf ich Hunger habe, wünsche ich es mir wieder. Es ist so lecker, frisch und macht satt! Ich liebe dieses Gericht, da es nicht nur im Winter sondern auch im Sommer – also einfach immer – schmeckt. Wenn ich es dann noch ein klein bisschen wie meine Oma hinbekomme, ist mein Glück perfekt. Denn bei Oma schmeckt's bekanntlich ja immer am besten.

HÄHNCHENGESCHNETZELTES

Für 2 Personen ~ Dauert 30 Minuten

Man nehme 2 Hähnchenbrustfilets (je 150 g) ~ 50 g kleine Champignons ~
½ Zwiebel ~ ½ Zehe Knoblauch ~ 1 Handvoll glatte Petersilie ~ 1 EL Olivenöl ~
150 ml trockenen Weißwein ~ 150 ml Gemüsebrühe ~ 50 ml Mandelmilch ~
1 Prise Salz ~ 1 Prise Pfeffer ~ 1 Messerspitze Muskat

1 ~ Schneide das Fleisch in Streifen und die Champignons in Scheiben. Würfele die Zwiebel und den Knoblauch klein und hacke die Petersilie.

2 ~ Schwitze die Zwiebelstücke in einer heißen Pfanne mit dem Öl kurz an. Gib das Fleisch mit dem Knoblauch dazu. Wenn das Fleisch von allen Seiten schön angebraten ist, lösche es mit dem Weißwein, der Gemüse

brühe und der Mandelmilch ab und streue die gehackte Petersilie darüber.

3 ~ Bringe alles unter Rühren zum Kochen und lasse es bei niedriger Hitze ca. 5 Minuten köcheln. Schmecke es mit Salz, Pfeffer und Muskat ab.

4 ~ Dazu passen Reis und ein frischer Feldsalat, der mit einer leichten Vinaigrette angemacht ist.

*#schweizerursprung #lieblingsgericht #fleischstreifen #schnetzellust
#zeitlos #kochoma #perfektesglueck*

Der Herbst ist meine liebste Jahreszeit. Ich mag auch den Frühling und den Sommer, wenn alles blüht und man den Pflanzen beim Wachsen zusehen kann, doch besonders gerne mag ich die Zeit, in der ich mein eigenes Gemüse ernten kann. Dann gibt es bei mir mindestens einmal in der Woche leckeren Kürbis, natürlich in den verschiedensten Varianten.

KÜRBISSUPPE

Für 2 Personen ~ Dauert 1 Stunde

Man nehme ½ Hokkaido ~ 1 rote Zwiebel ~ Saft von ½ Zitrone ~ 1 TL Kokosöl ~
750 ml Gemüsebrühe ~ 1 Prise Pfeffer ~ 1 TL Ingwer ~ 100 ml Kokosmilch

1 ~ Schneide den Kürbis mit Schale in gleich große Stücke und hacke die Zwiebel klein. Presse den Saft aus der Zitrone.

2 ~ Erhitze einen hohen Topf mit dem Kokosöl und schwitze die Zwiebel und die Kürbisstücke kurz an.

3 ~ Lösche sie mit Gemüsebrühe ab, gib den Zitronensaft und den Pfeffer dazu und bringe alles zum Kochen. Lasse den Kürbis bei mittlerer Hitze 20 bis 25 Minuten köcheln, bis er weich ist.

4 ~ Mixe den Kürbis mit einem Pürierstab fein. Lege den Ingwer in die Suppe und rühre die Kokosmilch unter. Koche die Suppe kurz auf, reduziere die Hitze und lasse die Suppe 10 Minuten ziehen. Nimm den Ingwer aus der Suppe.

5 ~ Du kannst die Kürbissuppe nach Belieben mit Kräutern, z. B. Kresse, dekorieren.

#herbstzeit #ernteglueck #kuerbisfreundin #lieblingsjahreszeit
#kuerbisvarianten #ingwerwaerme #suppencharme #nusskonsistenz

Ehrlich gesagt habe ich sämtliche Diäten schon mal ausprobiert. Alleine deshalb, um darüber berichten zu können. Dabei fand ich Low Carb und alle Ernährungsformen, die überwiegend auf Kohlenhydrate verzichten, am härtesten durchzuhalten. Denn ein Leben ohne Nudeln ist möglich – aber sinnlos!

TOMATEN–BASILIKUM–PASTA

Für 2 Personen ~ Dauert 30 Minuten

Man nehme 350 g Dinkelnudeln ~ 2 EL Olivenöl ~ 1 Zehe Knoblauch ~
1 Bund Basilikum ~ ½ rote Chilischote ~ 150 g Kirschtomaten ~ 1 TL Tomatenmark ~
150 ml passierte Tomaten ~ ½ TL Salz ~ 1 Messerspitze Pfeffer ~ ½ TL Oregano

1 ~ Koche die Nudeln im Salzwasser mit 1 EL Öl, bis sie al dente sind. Schneide den Knoblauch, das Basilikum, die Chilischote und die Kirschtomaten klein.

2 ~ Brate den Knoblauch und das Tomatenmark in einer heißen Pfanne mit 1 EL Öl scharf an. Gieße die passierten Tomaten hinzu und lasse sie aufkochen.

3 ~ Gib die Kirschtomaten mit dem Basilikum und dem Chili dazu und schmecke die Soße mit Salz, Pfeffer und Oregano ab.

4 ~ Vermenge die Nudeln mit der Tomaten-Basilikum-Soße.

#lebenohnenudeln #pastaklassiker #getreidefan #lowcarberfahrung
#tomatenbasilikumfreude #nudelsinn #aldentewunsch

Im Sommer fällt es mir wegen der hohen Temperaturen schwer, regelmäßig zu kochen und zu essen. Am liebsten mache ich mir dann Salate und kalte Speisen. Das geht schnell und schmeckt lecker. Eine meiner Sommer-Favoriten ist ein frischer Salat – am liebsten aus meinem Garten – mit Hähnchenbrust in leckerer Parmesankruste.

Salat mit Parmesan – Hähnchen

Für 2 Personen ~ Dauert 30 Minuten

Man nehme 1 Lollo Bionda ~ 5 EL Olivenöl ~ 2 EL Aceto Balsamico ~
2 Messerspitzen Pfeffer ~ 100 g geriebenen Parmesan ~ 1 TL Salz ~
400 g Hühnchenbrustfilet

1 ~ Verteile die Salatblätter auf zwei Teller. Verrühre 4 EL Öl mit dem Essig und 1 Messerspitze Pfeffer zu einer Vinaigrette.

2 ~ Mische den Parmesan, das Salz und 1 Messerspitze Pfeffer in einem Teller gut durch. Wende die Hähnchenfilets im Parmesan und brate sie in einer heißen Pfanne mit 1 EL Öl.

3 ~ Gib die Vinaigrette zum Salat und wence ihn vorsichtig. Schneide die fertigen Filets in Streifen und verteile sie auf dem angemachten Salat.

#sommerfavorit #parmesanberg #gartensalat #siestaessen #salatwunsch #kalttrifftwarm #kaltspeise #parmesanmantel

Avocados haben leider nicht die beste Ökobilanz. Ich kann mir ein Leben ohne sie aber wirklich nicht vorstellen. Ich bin mir sicher, dass ein gelegentlicher Konsum auch nicht zu schlimm ist. Man sollte eben wie bei allem sonst im Leben, ein gesundes Maß einhalten. Gefüllt sind sie jedenfalls wunderbar und schmecken mit Tomatensalsa einfach fantastisch.

GEGRILLTE AVOCADO MIT TOMATENSALSA

Für 2 Personen ~ Dauert 30 Minuten

Man nehme 2 Avocados ~ 3 TL Olivenöl ~ 200 g Tomaten ~ ½ Zehe Knoblauch ~
1 TL Tomatenmark ~ 1 EL Honig ~ 1 Prise Salz ~ ½ TL Cayennepfeffer

1 ~ Halbiere die Avocados, entferne den Kern und bestreiche sie jeweils mit ½ TL Öl. Lege sie auf ein Backblech und backe sie 10 Minuten im vorgeheizten Backofen bei 160 °C Umluft.

2 ~ Schneide die Tomaten in kleine Stücke und hacke den Knoblauch. Erhitze eine Pfanne mit 1 TL Öl und brate darin den Knoblauch und das Tomatenmark scharf an.

3 ~ Gib die Tomaten und den Honig hinzu und würze mit Salz und Cayennepfeffer. Lasse alles 3 Minuten unter Rühren köcheln.

4 ~ Verteile die Avocado-Hälften auf zwei Teller und bestreiche sie mit der Tomaten-salsa.

*#grillfrucht #salsafuellung #avocadofreuden #massvoll #tomatentanz
#tomatensalsa #spanischesosse #ofenavocado*

Früher war ich von Gemüse nur schwer zu überzeugen. Tatsächlich mochte ich es eigentlich gar nicht sonderlich. Inzwischen gibt es bei mir fast täglich frisches Gemüse, ich baue sogar welches in meinem Garten an. Auf dem Markt suche ich nach ausgefallenen Gemüsesorten, die ich noch nicht zubereitet habe und freue mich, wenn sie auch noch wunderbar schmecken.

BUNTES OFENGEMÜSE

Für 2 Personen ~ Dauert 45 Minuten

Man nehme 2 rote Zwiebeln ~ 2 Pak Choi ~ 1 Süßkartoffel ~ 1 Zucchini ~
1 gelbe Paprikaschote ~ 3 Karotten ~ 5 EL Olivenöl ~ 1 Bund Rosmarin ~ 1 TL Sa z ~
1 TL Pfeffer ~ 1 TL edelsüßes Paprikapulver

1 ~ Achtele die Zwiebeln und schneide den Pak Choi, die Süßkartoffel, die Zucchini, die Paprika und die Karotten in etwa gleich große Stücke.

2 ~ Gib die Gemüsestücke in eine große Schüssel und übergieße sie mit dem Öl. Ziehe die Rosmarinnadeln vom Zweig und gib sie mit Salz, Pfeffer und dem Paprikapulver in die Schüssel. Vermenge alles gut miteinander.

3 ~ Verteile das bunte Gemüse gleichmäßig auf einem Blech und backe es 30 M nuten im vorgeheizten Backofen bei 180 °C Umluft.

*#gemueseueberzeugung #buntesgemuese #marktexoten #gartenernte
#geschmacksfinder #gemueseeuphorie #pakchoi*

Quinoa hat sich bei mir vom Foodtrend zum Lieblingsessen entwickelt. Ich mag die Urgetreidesorten, und ich freue mich, wenn ich mit ihnen etwas Abwechslung in meiner Essensalltag bringen kann. Gesund essen ist so vielfältig und mit Quinoa definitiv auch richtig lecker. Gerne nehme ich sie auch als Reisersatz zu einem Fischgericht.

QUINOA–SALAT

Für 2 Personen ~ Dauert 30 Minuten

Man nehme 80 g Quinoa ~ 200 ml Gemüsebrühe ~ 2 Handvoll frische Rucola ~
2 Handvoll grünen Salat (z. B. Kopfsalat, Feldsalat oder Eichenblattsalat) ~
2 Tomaten ~ 8 Radieschen ~ 1 Handvoll glatte Petersilie ~ 1 Bio-Zitrone ~
3 EL Olivenöl ~ 1 TL mittelscharfen Senf ~ 1 Prise Salz ~ 1 Prise Pfeffer

1 ~ Brause die Quinoa in einem Sieb kalt ab und gebe sie in einen Topf mit der Gemüsebrühe. Koche sie auf und lasse sie bei mittlerer Hitze zugedeckt 20 Minuten quellen.

2 ~ Verteile die Rucola und den grünen Salat auf zwei Teller. Schneide die Tomaten in Stücke und die Radieschen in dünne Scheiben. Lege beides zum Salat auf die Teller.

3 ~ Hacke die Petersilie fein und presse den Saft aus der Zitrone. Verrühre beides in einer Schüssel mit Öl, Senf, Salz und Pfeffer zu einem Dressing.

4 ~ Lege die aufgequollene Quinoa auf die Teller und mache den Salat mit dem Dressing an.

#urgetreidesorten #lieblingsessen #reisersatz #foodalltag
#quinoabegeisterung #getreidesalat #dressinganmache #reismelde

Obwohl meine Familie nicht besonders überzeugt von Süßkartoffeln ist, findet man sie bei mir im Gemüsekorb. Ich kann sie einfach immer und zu den unterschiedlichsten Rezepten essen: als Ofengemüse, im Püree und sogar im Kuchen. Die Süßkartoffel ist super vielfältig und aus meinem Alltag fast nicht mehr wegzudenken.

GEFÜLLTE SÜSSKARTOFFEL

Für 2 Personen ~ Dauert 1 Stunde

Man nehme 2 Süßkartoffeln ~ 2 EL Olivenöl ~ 50 g Mais-Couscous ~
100 ml Gemüsebrühe ~ 1 Prise Pfeffer ~ 1 Frühlingszwiebel ~ 4 kleine Rispentomaten

1 ~ Reibe die Süßkartoffeln mit Olivenöl ein und backe sie 45 Minuten auf mittlerer Schiene im vorgeheizten Backofen bei 175 °C Ober- und Unterhitze.

2 ~ Verrühre den Couscous mit heißer Gemüsebrühe und Pfeffer und lasse ihn 15 bis 20 Minuten quellen. Schneide die Frühlings-zwiebel in feine Ringe und die Tomaten in kleine Stücke. Hebe beides unter den Couscous und lasse es mitziehen.

3 ~ Nimm die Süßkartoffel aus dem Ofen und halbiere sie. Verteile den Gemüse-Couscous auf die Süßkartoffelhälften.

*#wandelkartofffel #alltagsheldin #einsatzwunder #maronengeschmack
#suesskartoffelueberzeugung #eastmeetswest*

Als riesiger Pastaliebhaber gibt es für mich eigentlich keine Alternative zu echten Nudeln – bis auf meine Zucchininudeln. Mit Ziegenkäse und Walnüssen schmecken sie wunderbar und lassen sich auch noch super schnell zubereiten.

ZUCCHININUDELN
MIT ZIEGENKÄSE UND WALNÜSSEN

Für 2 Personen ~ Dauert 30 Minuten

Man nehme 2 Zucchini ~ 200 g Ziegenkäse ~ 100 g Walnüsse ~
1 EL Weidebutter ~ 100 ml Gemüsebrühe

1 ~ Schneide die Zucchini mit einem Spiralschneider in lange Streifen und würfle den Ziegenkäse grob. Erhitze eine Pfanne und röste die Walnüsse unter ständigem Rühren kurz an. Nimm sie aus der Pfanne und stelle sie beiseite.

2 ~ Gib die Butter in die Pfanne und schwenke die Zucchininudeln und die Käsewürfel kurz darin. Lösche sie mit der Gemüsebrühe ab und lasse sie ein wenig einkochen.

3 ~ Verteile die Zucchininudeln auf zwei Teller und streue die gerösteten Walnüsse darüber.

4 ~ Auch lecker ist die Kombination von Zucchininudeln mit Spaghetti. Hierzu einfach die halbe Menge an Zucchininudeln mit 200 g Spaghetti mischen.

*#zucchininudeln #sommerkuerbis #pastaliebhaber #nudelalternative
#schnellekueche #walnussidee #kaesewuerfel*

Auberginen sind so wunderbar! Ich liebe die verschiedenen Sorten, die alle so spektakulär aussehen: weiße, weiß-lila gestreifte und klassische lila Auberginen. Und weil sie nicht nur schön aussehen, sondern auch noch gesund sind, habe ich mir die Aubergine für mein Blog-Logo gewählt.

GEFÜLLTE AUBERGINE

Für 2 Personen ~ Dauert 30 Minuten

Man nehme 2 Auberginen ~ 90 g Feta ~ 100 g kleine Tomaten ~
1 Messerspitze Pfeffer ~ 4 kleine Zweige Rosmarin ~ 4 TL Olivenöl

1 ~ Halbiere die Auberginen und schneide jede Hälfte mit einem kleinen Messer so ein, dass du hinterher kleine Würfel in der Aubergine hast. Achte darauf, nicht zu tief einzuritzen und die Schale nicht zu beschädigen.

2 ~ Löffle etwas von der Aubergine heraus, damit du sie füllen kannst. Schneide die gegebenenfalls zu langen Auberginenstücke, den Feta und die Tomaten in kleine Würfel,

würze mit Pfeffer und fülle die Mischung in die Auberginenhälften. Lege jeweils einen Rosmarinzweig darauf und beträufle sie mit je 1 TL Öl.

3 ~ Lege die gefüllten Auberginenhälften in eine große Auflaufform und backe sie 20 Minuten im vorgeheizten Backofen bei 160 °C Umluft. Wenn der Feta schön braun geworden ist, nimm die Auberginen aus dem Ofen.

#nachtschattendiva #auberginenfarben #bloglogo #farbenpracht
#fruchtschoenheit #auberginenfetalove #prachtstueck

Ich konnte ni

aber irgend

aus Notw

Leiden

CHT KOCHEN —

WANN WURDE

ENDIGKEIT

SCHAFT.

Dieses Gericht ist leicht zu
machen und erinnert mich an
meinen Urlaub am Meer.

Früher mochte ich keinen Fisch. Das lag nicht daran, dass mir Fisch an sich nicht schmeckte, sondern an den vielen Gräten. Wenn ich dann doch mal Fisch essen wollte, habe ich ihn mit mikrochirurgischer Genauigkeit auseinandergenommen. Mittlerweile liebe ich Fisch und freue mich im Urlaub am Meer besonders auf die fangfrischen Exemplare.

CHILI-LIMETTEN-KABELJAU
AUS DEM OFEN

Für 2 Personen ~ Dauert 1 Stunde

Man nehme 500 g Kabeljaufilets ~ 1 EL Weidebutter ~ ½ rote Paprikaschote ~
½ gelbe Paprikaschote ~ 1 Bio-Limette ~ ½ Bio-Zitrone ~
½ milde rote Chilischote ~ 1 Frühlingszwiebel ~ 1 Prise Meersalz

1 ~ Lege die Kabeljaufilets in eine Auflaufform und schiebe die Butter in Stückchen darunter. Würfele die Paprika grob. Schneide die Limette und die Zitrone in Scheiben, die Chilischote und die Frühlingszwiebel in feine Ringe.

2 ~ Verteile das Gemüse und die Zitrusfrüchte auf den Fischfilets und salze sie. Lasse die Fischfilets 25 bis 30 Minuten im vorgeheizten Backofen bei 160 °C goldbraun werden.

3 ~ Zum Kabeljau passen sehr gut Reis und ein frischer Feldsalat.

*#fischfaenger #zitrusfruechte #dorschfamilie #frischgeniesserin #ofenfrisch
#tagammeer #fischdesjahres*

Eine liebe Freundin hat mir beim Grillen gefüllte Champignons gemacht. Ich war nie sonderlich begeistert von Pilzen, außer von Pfifferlingen, weshalb es sie bei mir zu Hause eigentlich nie gab. Doch mit frischer cremiger Füllung haben sie mir so gut geschmeckt, dass ich sie heute regelmäßig mache.

GEFÜLLTE CHAMPIGNONS

Für 8 Portionen ~ Dauert 30 Minuten

Man nehme 8 große Champignons ~ 100 g Feta ~ 1 Handvoll Gartenkräuter ~
100 g Frischkäse (10 % Fett) ~ 1 TL bunte Pfefferkörner ~ ½ TL Salz

1 ~ Trenne die Stiele vorsichtig von den Champignons und schneide sie mit dem Feta in sehr kleine Würfel. Lege die Champignonhüte beiseite.

2 ~ Hacke die Kräuter klein und gib sie mit dem Frischkäse, den Pfefferkörnern, dem Salz sowie den Champignon- und Feta-Stückchen in eine Schüssel und verrühre alles gut.

3 ~ Fülle die Masse in die Champignonhüte und lege sie auf ein mit Backpapier ausgelegtes Backblech. Backe sie 15 Minuten im vorgeheizten Ofen bei 180 °C Umluft.

4 ~ Besonders gut schmecken die gefüllten Champignons zu frischem Brot und knackigem Salat.

*#pilzfamilie #cremefuelle #kraeuterfreunde #grillpilze #kraeuterwunsch
#salatbeilage #brotbegleiter #champignonhuete*

Bei Hackbällchen gibt es bei uns zuhause zwei Lager: Mein Papa brät sie klassisch mit Rinderhack, meine Mama verfeinert sie mit kleinen Feta-Stücken. Mein Bruder und ich mögen beide Arten. Inzwischen habe ich meine Lieblingsvariante gefunden. Ich mische Haferflocken unter das Hackfleisch und dippe die Hackbällchen in einer leichten Joghurtsoße.

HACKBÄLLCHEN
MIT REIS UND JOGHURTSOSSE

Für 2 Personen ~ Dauert 1 Stunde

Man nehme 1 Tasse Basmatireis ~ ½ Knoblauchzehe ~
1 Handvoll glatte Petersilie ~ 400 g Rinderhackfleisch ~ 1 Ei ~
1 Messerspitze Pfeffer ~ 1 EL gemahlene Haferflocken ~ 1 TL geschmacksneutrales
Kokosöl ~ 1 EL Tomatenmark ~ 400 ml Rinderbrühe ~ 1 EL bunte Pfefferkörner ~
100 g Frischkäse (10 % Fett) ~ 2 EL Naturjoghurt (3,5 % Fett)

1 ~ Koche den Reis nach der Packungsanleitung.

2 ~ Hacke den Knoblauch und die Petersilie fein. Vermische in einer Schüssel das Hackfleisch mit dem Ei, den Knoblauchstücken, dem Pfeffer und den Haferflocken. Forme aus der Masse gleich große Hackbällchen und lege sie auf einen Teller.

3 ~ Erhitze eine Pfanne mit dem Kokosöl. Schwitze das Tomatenmark darin an. Brate die Hackbällchen in der Pfanne kurz scharf an und lösche alles mit der Brühe ab. Würze die Soße mit den Pfefferkörnern und der Petersilie. Lasse sie kurz aufkochen und rühre den Frischkäse und den Joghurt unter. Erhitze die Soße noch einmal und serviere sie mit den Hackbällchen und dem Reis.

*#fleischkugeln #teigformer #dipidee #lieblingsvariante #joghurtleicht
#fingerfood #sossenbegleitung #leckerbaellchen*

FREUNDE
ZU BESUCH

Melonen-Schafskäse-Bruschetta

Nudelsalat mit Rinderfilet und Rucola

Chicken Burger

Gnocchi mit Basilikumpesto

Räucherlachs auf Wasabi-Dill-Creme

Bärlauch-Ravioli

Brokkolicremesuppe

Mango-Limetten-Eistee

Honig-Chili-Huhn in der Grillananas

Paella

Pasta alla Panna

Kichererbsencurry

Rosmarin-Tomaten-Focaccia

Spinat-Ingwer-Smoothie

Neben meinem Garten liegt eine riesige Wiese mit großen schönen Apfelbäumen. Im Sommer lade ich meine Freunde gerne dorthin zur Grillparty ein.

Am liebsten koche ich für meine Familie und meine Freunde. Während andere es als stressig empfinden, ein Menü zusammenzustellen, die Zutaten dafür einzukaufen und in der Küche alles vorzubereiten, finde ich den puren Gefallen daran. Denn was gibt es Schöneres, als dass alle zusammen an einem Tisch sitzen und sich bei gutem Essen unterhalten, miteinander lachen und glücklich sind? Für mich ist das jedenfalls kaum zu übertreffen.

MEINE APFELWIESE

Neben meinem Garten liegt eine riesige Wiese mit großen schönen Apfelbäumen. Im Sommer lade ich meine Freunde gerne dorthin zur Grillparty ein. Wir breiten eine große Decke aus und veranstalten darauf ein Festmahl mit Burgern, gegrillter Ananas, frischer Bruschetta und Rosmarin-Tomaten-Foccacia.

Dazu gibt's leckere Getränke wie Sangria, Bowle mit frischen Früchten, Smoothies und Mango-Limetten-Eistee.

GEMEINSAM KOCHEN MACHT SPASS

Genauso schön wie das gemeinsame Essen ist natürlich auch das gemeinsame Kochen und Backen. Mit meiner Mama und meiner Oma habe ich oft gemeinsam in der Küche gestanden und viele Rezepte und Kniffe gelernt. Dieses Wissen und meine Erfahrungen aus der Fitnessküche würde ich gerne an andere weitergeben.

Probiere meine Lieblingsrezepte mit euren Freunden aus und du wirst sehen, was ich meine: Gemeinsam kochen macht Spaß!

Die Italiener verstehen es, aus einfachen, frischen Zutaten etwas Köstliches zu machen. Ich bereite auch oft Bruschetta vor, wenn Freunde zu Besuch kommen. Als ich eines Tages keine Tomaten im Haus hatte, dafür aber eine Wassermelone, habe ich eine neue Kombination ausprobiert. Und hier ist das Rezept für die leckere Bruschetta mit Melone und Schafskäse. Sommerlicher und frischer geht's fast nicht mehr.

MELONEN–SCHAFSKÄSE–BRUSCHETTA

Für 10 Portionen ~ Dauert 45 Minuten

Man nehme 5 Scheiben Dinkelvollkornbrot ~ 1 Knoblauchzehe ~ 5 TL Olivenöl ~ 250 g Wassermelone ~ 250 g Schafskäse in Salzlake ~ 1 Handvoll Basilikum

1 ~ Halbiere die 5 Brotscheiben in 10 Hälften. Schneide die Knoblauchzehe durch und reibe die Brothälften mit den Schnittflächen der Zehe gut ein. Bestreiche jede Hälfte mithilfe eines Pinsels mit ½ TL Öl.

2 ~ Röste die Brotscheiben kurz von jeder Seite in einer heißen Pfanne und lege sie beiseite.

3 ~ Schneide die Melone und den Schafskäse in kleine Würfel und hacke das Basilikum klein. Rühre alles in einer Schüssel gut durch und verteile es auf den gerösteten Brotscheiben.

#vorspeisenliebling #brotroester #kombinationsnot #mehrsommer
#melonenwuerfel #gastfreundschaft #bruschettaidee

Dies ist eines meiner besten Resteverwertungsgerichte. Es entstand aus der Not heraus. Ich hatte Hunger, aber nur noch Nudeln, Rucola, Rinderfiletstückchen, ein paar Pinienkerne und einen Schluck Weißwein zuhause. Was kann man daraus schon machen? Ganz einfach: den besten Nudelsalat der Welt!

Nudelsalat mit Rinderfilet und Rucola

Für 4 Portionen ~ Dauert 1 Stunde und 30 Minuten

Man nehme 400 g Dinkel-Farfalle ~ 400 g Rinderfilet ~ 1 TL Butter ~
100 ml trockenen Weißwein ~ 300 ml Gemüsebrühe ~ 80 g Pinienkerne ~
500 g Rucola ~ 1 Prise grobes Meersalz ~ 1 Prise Pfeffer aus der Mühle

1 ~ Koche die Nudeln im Salzwasser al dente. Schneide das Rinderfilet in Scheiben und brate es in einer Pfanne mit Butter 1 Minute von jeder Seite an. Nimm die Filets aus der Pfanne und halte sie im vorgeheizten Ofen bei 80 °C Umluft warm.

2 ~ Gieße den Weißwein und die Gemüsebrühe in die Pfanne und lasse beides kurz aufkochen. Nimm die Pfanne von der Herdplatte und gib die Nudeln hinein.

3 ~ Röste die Pinienkerne in einer zweiten Pfanne bei mittlerer Hitze unter ständigem Rühren.

4 ~ Gib die Rucola zu den Nudeln in die Pfanne. Rühre alles gut um und verteile den warmen Nudelsalat auf 4 Tellern. Lege die Rinderfilets darauf und streue die Pinienkerne darüber. Schmecke mit Salz und Pfeffer ab.

#resteverbraucher #kombinierfreude #nudelsalathit #rucolazugabe #tellergericht #dinkelschmetterlinge #filetstueckchen

Ich liebe es, meine Freunde mit selbstgemachten Mini-Burgern zu überraschen. Diese kleinen Brötchen sind nicht nur echte Hingucker, sondern auch richtig gesund. Und vor allem kann ich selbst entscheiden, mit welchen Zutaten ich meine Burger herstelle.

Chicken Burger

Für 8 Portionen ~ Dauert 1 Stunde und 30 Minuten

Man nehme 500 g Dinkelmehl Type 1050 ~ ½ Würfel Hefe (21 g) ~ 2 TL Salz ~ 1 Knoblauchzehe ~
2 EL Honig ~ 1 Prise Cayennepfeffer ~ 500 g Hähnchenfilets ~ 50 g Sesam ~ ½ Zwiebel ~
2 EL Olivenöl ~ ½ EL Tomatenmark ~ 25 ml trockenen Weißwein ~ 400 g stückige Tomaten ~
1 Prise Pfeffer ~ 2 große Tomaten ~ 4 Handvoll Rucolablätter ~ 8 Scheiben Cheddarkäse

1 ~ Gib Mehl in eine Schüssel, forme eine Mulde und brösele die Hefe hinein. Gieße 250 ml lauwarmes Wasser dazu. Gib 1½ TL Salz hinzu und knete alles zu einem festen Teig. Decke die Schüssel mit einem Tuch ab und lasse sie 30 Minuten an einem warmen Ort stehen.

2 ~ Hacke ½ Knoblauchzehe und mische sie mit Honig und Cayennepfeffer. Bestreiche die Hähnchenfilets mit der Marinade, brate sie in einer Pfanne von jeder Seite 2 Minuten an und dann bei mittlerer Hitze 8 bis 10 Minuten fertig. Schneide die Filets in 8 gleich große Stücke.

3 ~ Teile den Hefeteig in 8 Portionen, forme sie zu Brötchen und lege sie auf ein mit Backpapier ausgelegtes Backblech. Bestreue sie mit Sesam und backe sie 20 Minuten im vorgeheizten Backofen bei 180 °C Umluft. Lasse sie abkühlen und halbiere sie.

4 ~ Würfele die Zwiebel und ½ Knoblauchzehe und brate sie in einem Topf mit Öl an. Dünste das Tomatenmark kurz mit und lösche mit Wein ab. Gib die Tomaten hinzu und lasse alles 15 Minuten zugedeckt köcheln. Mixe das Sugo mit dem Pürierstab und würze es mit ½ TL Salz und Pfeffer.

5 ~ Schneide die Tomaten in 8 Scheiben. Bestreiche die Brötchenhälften mit dem Tomatensugo und belege die Burger mit jeweils mit ½ Handvoll Rucola, 1 Tomatenscheibe, 1 Käsescheibe und 1 Hähnchenstück.

#bunvarianten #burgerglueck #sesamstreusel #gesundheitsburger #hingucker
#zutatenentscheidung #miniburger #burgerueberraschung

Ich liebe Pasta in allen Formen, Farben und Variationen. Besonders angetan haben es mir aber schon immer die Gnocchi. Ich mag sie nicht nur, weil sie so gut schmecken, sondern auch weil die Zubereitung richtig Spaß macht. Mit selbstgemachtem Pesto schmecken sie dann einfach nur noch wunderbar und erinnern an den letzten Italienurlaub.

GNOCCHI MIT BASILIKUMPESTO

Für 4 Portionen ~ Dauert 1 Stunde

Man nehme ½ Knoblauchzehe ~ 4 Handvoll Basilikum ~ 4 EL Olivenöl ~
Abrieb von 1 Bio-Zitrone ~ 2 Prisen Salz ~ 1 EL Ricotta ~
500 g festkochende Kartoffeln ~ 10 g Dinkelmehl Type 1050 ~
10 g Kartoffelstärke ~ 1 TL geschmacksneutrales Kokosöl ~ 1 Eigelb ~ 10 g Dinkelgrieß

1 ~ Gib den Knoblauch, das Basilikum und das Olivenöl in einen Mixer und püriere alles fein. Schmecke das Pesto mit dem Zitronenabrieb und 1 Prise Salz ab und rühre den Ricotta unter.

2 ~ Koche die Kartoffeln etwa 20 Minuten. Sie sollten so weich sein, dass sie von der Gabel rutschen, wenn du in sie hineinpiekst. Schäle sie und drücke sie durch eine Kartoffelpresse oder mit einem Löffel durch ein Sieb.

3 ~ Gib Mehl, Stärke, Kokosöl, Eigelb und 1 Prise Salz zu dem Kartoffelpüree und knete alles zu einem geschmeidigen Teig. Streue Dinkelgrieß auf eine Arbeitsfläche und drehe darauf aus dem Teig gleichmäßige Rollen. Schneide diese in kleine Stücke und forme sie mit einer Gabel zu Nockerln.

4 ~ Gib die Gnocchi portionsweise in einen Topf mit heißem Salzwasser. Wenn sie oben schwimmen, lasse sie noch 1 Minute ziehen, schöpfe sie mit einem Schaumlöffel aus dem Topf und lege sie in die Pfanne mit dem Basilikumpesto. Erhitze die Gnocchi und schwenke sie in der Pfanne.

#nockerlnfreude #ungekochtesosse #salzwasser #kartoffelstaerke #alpenkueche #artenvielfalt #zubereitungsfreude #schwimmnockerln

Lachs, Dill und Wasabi schmecken unglaublich gut zusammen. Egal, ob man dieses Gericht mitnehmen oder für ein Familienessen groß auftischen will, es macht einfach jede Menge her. Und ist dabei so locker und leicht, dass es der perfekte Snack für warme Sommertage ist.

Räucherlachs auf Wasabi-Dill-Creme

Für 8 Portionen ~ Dauert 1 Stunde

Man nehme 1 Handvoll Dill ~ ½ Zitrone ~ 1 Avocado ~ 2 TL Wasabi ~
½ TL Salz ~ ½ TL Pfeffer ~ 8 Scheiben Knäckebrot mit Kürbiskernen ~
200 g Räucherlachs in Scheiben

1 ~ Lege 2 EL Dill zum Dekorieren beiseite. Pressse den Saft aus der Zitrone.

2 ~ Löffele das Fruchtfleisch aus der Avocado heraus und püriere es mit dem restlichen Dill, dem Wasabi, dem Zitronensaft sowie Salz und Pfeffer in einem Mixer cremig.

3 ~ Bestreiche die Knäckebrote mit der Wasabi-Dill-Creme und verteile den Räucherlachs darauf. Dekoriere die Brote mit dem beiseite gelegten Dill.

#scharfmacher #wassermeerrettich #derperfektesnack #picknicker
#draufgaenger #sonntagswaerme #wasabidillcremeliebe

Bärlauch sammeln ist für mich jedes Jahr ein Highlight. Ich habe eine Sammelstelle tief im Wald, die außer mir nur sehr wenige Leute kennen. Direkt am Bach gibt es dort jede Menge Bärlauch. Allein der tolle Duft, den man schon aus einigen Metern Entfernung riecht, ist wunderbar. Eins meiner Lieblingsrezepte mit Bärlauch sind frisch gemachte Käse-Ravioli.

BÄRLAUCH–RAVIOLI

Für 4 Portionen ~ Dauert 1 Stunde

Man nehme 250 g Dinkelmehl Type 1050 ~ 3 Eier ~ 1 TL Salz ~ 1 EL Olivenöl ~
2 Handvoll Bärlauch ~ 250 g Frischkäse (10 % Fett) ~ 1 Messerspitze Pfeffer ~
1 EL Weidebutter

1 ~ Knete das Mehl mit den Eiern, ½ TL Salz und dem Öl zu einem festen Nudelteig. Rolle den Teig mit einem Nudelholz mehrmals flach auf der Arbeitsfläche aus oder verwende eine Nudelmaschine.

2 ~ Stich mit einem runden Ausstecher oder einem umgedrehten Trinkglas eine gerade Anzahl von Teigplatten aus. Bedenke dabei, dass die Ravioli beim Kochen etwas größer werden.

3 ~ Hacke den Bärlauch klein und lege eine Hälfte beiseite. Verrühre die andere Hälfte mit dem Frischkäse und würze mit ½ TL Salz und Pfeffer.

4 ~ Fülle die Nudeln, indem du einen Teelöffel der Frischkäsefüllung auf je eine Teigplatte legst und mit einer weiteren Platte bedeckst. Drücke den Rand rundum mit einer Gabel fest. Wiederhole den Vorgang, bis alle Ravioli gefüllt sind.

5 ~ Koche die Ravioli portionsweise in einem großen Topf mit Salzwasser. Wenn sie an der Wasseroberfläche schwimmen, lasse sie noch 3 Minuten kochen.

6 ~ Erhitze eine Pfanne mit der Butter, brate die Ravioli kurz scharf von jeder Seite an und rühre den restlichen Bärlauch unter.

*#gefuelltenudeln #lieblingsrezept #baerlauchsammlerin
#knoblauchverwandter #wildgemuese #sammelstelle*

Wenn mein Papa kocht, ist alles exakt gleich klein geschnitten. Ich kenne niemanden, der so akkurat und geduldig Gemüse schneidet. Besonders gerne mag ich es, wenn er dann Rezepte von meiner Oma kocht. Auch seine Brokkolisuppe ist super lecker und übrigens eines der ersten Gerichte, das ich alleine kochen konnte.

BROKKOLICREMESUPPE

Für 4 Portionen ~ Dauert 1 Stunde

Man nehme 500 g Brokkoli ~ ½ Zwiebel ~ 1 Knoblauchzehe ~ 1 EL Olivenöl ~
1 l Gemüsebrühe ~ 1 TL Zitronensaft ~ 100 ml Cremefine ~ 1 Prise Salz ~
1 Prise schwarzen Pfeffer aus der Mühle

1 ~ Schneide den Brokkoli, die Zwiebel und den Knoblauch klein. Brate alles in einem heißen Topf mit Öl an. Lösche es mit der Gemüsebrühe ab und gib den Zitronensaft und die Cremefine dazu.

2 ~ Bringe alles zum Kochen und lasse die Suppe unter gelegentlichem Rühren 15 bis 20 Minuten bei mittlerer Hitze köcheln. Schmecke mit Salz und Pfeffer ab und verteile die Suppe auf die Schalen.

3 ~ Zur Brokkolicremesuppe passen sehr gut Dinkel-Croutons und ein Schuss Cremefine. So ist sie auch noch ein richtiger Hingucker.

*#gemueseaufschneider #rezeptevonoma #heimatgericht
#hingucker #suppenschoenheit #dinkelcroutons*

Im Sommer habe ich immer frischen Eistee bei mir im Kühlschrank. Je nach Lust und Laune mache ich ihn mit Pfirsichen, Rhabarber, Zitronen – oder besonders gerne mit Mango und Limetten. Diese Kombination schmeckt richtig lecker.

MANGO–LIMETTEN–EISTEE

Für 8 bis 10 Gläser ~ Dauert 1 Stunde und 30 Minuten

Man nehme 4 EL grüne Teeblätter ~ 1 Mango ~ 4 Bio-Limetten ~
2 EL Birkenzucker ~ 1 kg Eiswürfel

1 ~ Erhitze 2 Liter Wasser in einem Topf und nimm es kurz vor dem Kochen von der Herdplatte. Halte einen Filter mit den Teeblättern 3 Minuten ins Wasser. Nimm den Filter heraus und lasse den Tee abkühlen.

2 ~ Schneide das Fruchtfleisch aus der Mango und presse die Limetten aus. Gib beides mit dem Birkenzucker und 4 EL des gekochten Tees in einen Mixer und püriere alles fein.

3 ~ Verrühre das Mango-Limetten-Püree mit dem restlichen Tee und gieße alles in eine Karaffe. Stelle diese 1 Stunde in den Kühlschrank. Vor dem Trinken rühre den Eistee noch einmal gut um.

4 ~ Wenn du magst, kannst du den Eistee noch mit Limettenscheiben und Minzblättern garnieren.

#teatime #mangolimettengeschmack #glueckskombination
#sommergetraenk #durstloescher #eisteegefuehl

Gegrillte Ananas schmecken unglaublich. Das Rezept dazu entstand auf einer Grillparty, zu der mich eine Freundin einlud. Jeder sollte etwas mitbringen. Ich hatte noch eine Ananas in der Obstschale und frische Hähnchenfilets im Kühlschrank. Auf der Party kam mir die Idee, beides miteinander zu kombinieren. So entstand mein „legendäres" Grillananas-Rezept.

HONIG-CHILI-HUHN
IN DER GRILLANANAS

Für 2 Personen ~ Dauert 1 Stunde und 30 Minuten

Man nehme 1 Ananas ~ 400 g Hähnchenfilets ~ 1 EL Honig ~
1 Messerspitze Currypulver ~ 1 TL Cayennepfeffer ~ ½ TL Salz

1 ~ Halbiere die Ananas längs und schneide einen Teil des Fruchtfleisches heraus, damit du die Hälften später füllen kannst. Würfele das Fruchtfleisch klein und lege es beiseite.

2 ~ Schneide die Hähnchenfilets in mundgerechte Stücke und vermische sie in einer Schüssel mit Honig, Curry, Cayennepfeffer und Salz. Brate das marinierte Fleisch in einer Pfanne kurz an.

3 ~ Fülle die Hähnchenstücke mit den beiseite gelegten Ananasstücken in die ausgehöhlten Ananashälften. Gieße die Bratensoße aus der Pfanne darüber. Verschließe die Ananas mit der zweiten Hälfte und grille sie 40 bis 45 Minuten von allen Seiten. Sollte sie zu dunkel werden, setze die Ananas für die restliche Grillzeit in eine Aluschale.

*#grillananas #chilihuhn #grillabenteuer #daskenntnichtjeder
#fleischmarinade #bromeliengewaechs #grillpartyhit*

Meine liebste Erinnerung an die Schulzeit ist definitiv die zehntägige Klassenfahrt nach Barcelona in der 12. Klasse des Gymnasiums. So eine tolle Stadt! Ich wohnte in einem schönen Hostel, war in Gesellschaft lieber Menschen und aß fantastisches Essen. Besonders lecker war die Paella in einem kleinen Restaurant, das versteckt am Stadtrand lag. Dieses Restaurant hat mich zu folgendem Paella-Rezept inspiriert.

PAELLA

Für 4 Personen ~ Dauert 1 Stunde und 30 Minuten

Man nehme 300 g Paellareis ~ 1 rote Paprikaschote ~ 2 Knoblauchzehen ~
150 g Miesmuscheln ~ 150 g Herzmuscheln ~ 150 g küchenfertige Tintenfischtuben ~
150 g Garnelen ~ 150 g Fischfilet (z. B. Kabeljau, Seelachs oder Pangasius) ~
2 EL Olivenöl ~ 50 ml Gemüsebrühe ~ 150 g grüne Erbsen (aus der Dose) ~
½ TL Salz ~ 2 Prisen Pfeffer ~ 1 Döschen Safranfäden (0,1 g)

1 ~ Koche den Reis nach der Packungsanleitung. Schneide die Paprika in kleine Würfel und hacke den Knoblauch sehr klein. Brate beides mit den Muscheln, Tintenfischen, Garnelen und den Fischfilets in einer Pfanne mit Öl 5 Minuten an.

2 ~ Lösche alles mit der Gemüsebrühe ab. Gib den Reis und die Erbsen dazu, rühre gut um und schmecke die Paella mit Salz, Pfeffer und Safran ab. Lasse alles 5 bis 10 Minuten bei niedriger Hitze fertiggaren.

#spanienfavorit #paellainspiration #lieblingserinnerung #fischvielfalt #reispfannenherkunft #meerliebe #lustaufmeer

Die Na...

uns alles

Brau...

TUR GIBT

, WAS WIR

CHEN.

Dieses Gericht könnte von meinem Freund sein. Irgendwas schnell in der Pfanne anbraten, und schon ist es fertig. Er hat mir erklärt, dass er für sich selbst gar nicht kochen würde und wenn, dann nur einfache Gerichte mit wenig Aufwand. Ich bin mir sicher, dass er spätestens nach einem Jahr Rührei mal etwas anderes probieren würde. Aber soweit muss es ja nicht kommen, da er alles, was ich für meinen Blog, Zeitschriften und Kochbücher koche, probieren darf.

Pasta alla Panna

Für 2 Personen ~ Dauert 30 Minuten

Man nehme 250 g Dinkelnudeln ~ 1 Brokkoli ~ 200 g Champignons ~
½ Knoblauchzehe ~ 1 EL Olivenöl ~ 150 ml Gemüsebrühe ~
100 g Frischkäse (10 % Fett) ~ 150 ml Cremefine (7 % Fett) ~ ½ TL Salz ~
1 Prise Pfeffer ~ 1 Messerspitze Muskat

1 ~ Koche die Dinkelnudeln in Salzwasser, bis sie fast al dente sind. Schneide die Brokkoliröschen vom Strunk, gib sie hinzu und lasse sie 1 Minute mitkochen. Schöpfe sie mit einem Schaumlöffel ab und lege sie beiseite. Gieße die Nudeln in ein Sieb ab.

2 ~ Schneide die Champignons der Länge nach in dünne Streifen und hacke den Knoblauch klein. Brate beides mit den Brokkoliröschen in einer Pfanne mit Öl kurz an.

3 ~ Lösche alles mit der Gemüsebrühe ab und rühre Frischkäse und Cremefine ein. Würze die Soße mit Salz, Pfeffer und Muskat. Bringe sie unter Rühren zum Kochen und schwenke kurz die Nudeln darin.

*#pastaglueck #schnellefreude #testesser #nudelngehenimmer #rezeptschreiberin
#dinkelnudeln #nudelschwenker*

Eine meiner Freundinnen verlässt ihr Haus nie ohne Kichererbsen. Kein Witz. Für sie wäre es ein schlimmer Gedanke, auf sie verzichten zu müssen. Ich kann sie ein klein bisschen verstehen. Kichererbsen sind einfach lecker und schmecken salzig geröstet als Snack genauso gut wie als Mittagessen in einem Curry mit Reis.

KICHERERBSENCURRY

Für 2 Portionen ~ Dauert 45 Minuten

Man nehme 70 g Langkornreis ~ 1 TL Salz ~ ½ Knoblauchzehe ~ ½ rote Chilischote ~
½ Bund Koriander ~ ½ Bund glatte Petersilie ~ 1 EL Kokosöl ~
200 ml passierte Tomaten ~ 100 ml Kokosmilch ~ 300 g gekochte Kichererbsen ~
1 TL Garam Masala ~ 1 TL Currypulver ~ ½ TL Kreuzkümmel

1 ~ Koche den Reis nach der Packungsanleitung. Schneide die Knoblauchzehe, die Chilischote, den Koriander und die Petersilie klein.

2 ~ Erhitze das Kokosöl in einem Topf und brate den Knoblauch und die gehackten Kräuter kurz an. Lösche alles mit den passierten Tomaten und der Kokosmilch ab.

3 ~ Gib die Kichererbsen, die Chilischote und die Gewürze Garam Masala, Curry und Kreuzkümmel hinzu und lasse alles 20 Minuten unter gelegentlichem Umrühren bei mittlerer Hitze köcheln.

*#nieohnekichererbsen #curryliebling #huelsenfruchtfamilie #kichererbsensnack
#garammasala #schmetterlingsbluetler*

Meine Mama spricht perfekt italienisch und da wir schon sehr oft in Italien waren, verstehe ich auch einiges. Dadurch durfte ich, obwohl ich die Sprache in der Schule nicht gelernt habe, zum Schüleraustausch nach Italien. Das leckere Focaccia-Rezept hat mir meine Gastmama in Italien als Erinnerung mitgegeben.

ROSMARIN–TOMATEN–FOCACCIA

Für 4 Portionen ~ Dauert 1 Stunde

Man nehme 500 g Dinkelmehl Type 1050 ~ ½ Würfel Hefe (21 g) ~
1 ½ TL Salz ~ 1 Handvoll Rosmarinzweige ~ 1 EL Olivenöl ~
200 g kleine Tomaten ~ 1 TL Meersalz

1 ~ Gib das Dinkelmehl in eine Schüssel und forme eine Mulde. Zerbrösele die Hefe hinein und fülle die Mulde vorsichtig mit 250 ml lauwarmem Wasser. Verteile das Salz und 2 TL Rosmarinnadeln am Rand der Schüssel.

2 ~ Knete alles zu einem festen Hefeteig. Decke ihn mit einem Geschirrtuch ab und lasse ihn 30 Minuten an einem warmen Ort gehen.

3 ~ Nimm den Hefeteig aus der Schüssel und breite ihn auf einem mit Backpapier ausgelegten Backblech mit den Händen flach aus. Bestreiche ihn mit Öl, drücke die Tomaten hinein und lege Rosmarinzweige darauf. Würze mit Meersalz.

4 ~ Backe die Focaccia 15 bis 20 Minuten im vorgeheizten Backofen bei 180 °C Umluft bis sie goldbraun geworden sind.

*#ligurischesfladenbrot #pizzavorlaeufer #gastfamilie #rosmarinwurf
#roemerbrot #schondieroemer #genuasliebling*

Grazie an meine italienische Gastmama für dieses tolle Focaccia-Rezept!

Schneller und leckerer als in Form von Smoothies kann man Vitamine glaube ich nur schwer zu sich nehmen. Besonders gerne mache ich mir einen grünen Smoothie mit Spinat, Ingwer und Orangen. So bekommt das Immunsystem einen richtigen Booster.

SPINAT–INGWER–SMOOTHIE

Für 2 bis 3 Gläser ~ Dauert 1 Stunde und 10 Minuten

Man nehme 200 g Spinat ~ 1 daumengroßes Ingwerstück ~
1 EL Leinsamen ~ 5 Orangen ~ 1 Zitrone ~ 2 EL Honig

1 ~ Gib den Spinat, den Ingwer und die Lein-samen in einen Mixer. Presse die Orangen und die Zitrone aus und gieße den Saft mit dem Honig dazu.

2 ~ Püriere alles 1 Minute auf hoher Stufe sehr fein. Vom Ingwer sollen keine Fasern mehr zu sehen sein.

3 ~ Gieße den Smoothie in eine Karaffe und stelle ihn 1 Stunde in den Kühlschrank. Bevor du ihn trinkst, rühre noch einmal gründlich mit einem Löffel um.

*#kaltmischgetraenk #mitschale #gerneauchgruen #ingwerliebling
#obstundgemuese #vitaminkur #smoothiebegeisterung #immunsystembooster*

ZUM MITNEHMEN

Gemüsequiche

Salat mit Schafskäse in Honig-Sesam-Kruste

Wraps mit Dinke tortillas

Feigen-Honig-Crostini

Spargelsalat mit Apfel

Falafel mit gemischtem Salat

Hummus

Linsensalat

Spinat-Pancakes

Schichtsalat

Thunfisch-Sandwich

Energy Balls

Overnight Oats

Tomatensuppe

Wie schön waren die Zeiten, in denen meine Mama und mein Papa uns die Frühstücksboxen gefüllt haben: liebevoll belegte Brote mit etwas Obst und Gemüse. Meine Eltern haben immer darauf geachtet, dass wir uns gesund und ausgewogen ernähren, selbst wenn mein Bruder alles Erdenkliche dagegen unternommen hat. Mir haben meine Eltern dadurch gezeigt, dass eine gelegentliche Ausnahme vollkommen in Ordnung ist.

Diese Erfahrungen habe ich bis heute für mich übernommen. So nehme ich mir mein Essen lieber mit, anstatt auf Fastfood und Fertiggerichte mit Unmengen an Weizen und Zucker zurückgreifen zu müssen. Wenn ich mir eine kleine Ausnahme genehmigen möchte, dann ruhigen Gewissens. Man muss eine gute Balance für sich selbst finden, und ein gutes gesundes Essen dabeizuhaben, ist der erste Schritt dazu.

Wie schön waren die Zeiten, in denen meine Mama und mein Papa uns die Frühstücksboxen gefüllt haben.

VORSICHT, HERUNTERFALLENDE DOSEN

Ich gebe es zu: In meinen Küchenschränken stapeln sich die unterschiedlichsten Meal-Prep-, Brot- und Thermoboxen. Aber in welcher Küche gibt es nicht den Schrank, bei dessen Öffnen man von herausfallenden Aufbewahrungsboxen fast erschlagen wird?

Ganz besonders gefallen mir die stapelbaren Dosen, in denen ich mir ein 3-Gänge-Menü mitnehmen kann. Obwohl man es mir wahrscheinlich nicht ansieht, kann ich ganz schön viel essen. Dabei am liebsten abwechslungsreich und in mehreren Etappen: Vorspeise, Hauptgang und Dessert. In diesem Kapitel findest du Rezeptideen für dein persönliches To-go-Menü.

VORBEREITUNG IST DIE HALBE ...

Wenn ich unterwegs esse, bereite ich die Gerichte am Vorabend zu. Da bin ich sowieso meistens noch in der Küche und koche oder backe für meinen Foodblog. Das fülle ich dann einfach in eine Dose, stelle diese in den Kühlschrank und muss sie am nächsten Morgen nur noch aus dem Kühlschrank holen. Im Sommer begleitet mich dann noch eine kleine Kühltasche, damit alles gut gekühlt ist, bis ich es mittags im Topf oder in der Mikrowelle erhitze. Selbstgemacht schmeckt's halt am besten!

Urlaub in Südfrankreich – die Sonne scheint einem ins Gesicht, das Meer rauscht im Hintergrund, Salz liegt in der Luft und dann mittags eine leckere Gemüsequiche. Besser kann es nicht sein. Diese kleine Quiche gibt mir jedes Mal wieder dieses wunderbare Gefühl von Leichtigkeit und Urlaubsstimmung.

Gemüsequiche

Für 2 Personen ~ Dauert 1 Stunde

Man nehme 250 g Dinkelmehl Type 1050 ~ 60 ml geschmacksneutrales Kokosö ~
60 g Weidebutter ~ ½ TL Salz ~ 75 g Zucchini ~ 75 g Kirschtomaten ~
1 Handvoll Basilikum ~ 4 Eier ~ 150 ml Milch (1,5 % Fett) ~ 120 g geraspelten Gouda

1 ~ Knete Dinkelmehl, Kokosöl, Butter und Salz zu einem Mürbeteig. Wickele ihn in Frischhaltefolie und lege ihn 10 Minuten in den Kühlschrank.

2 ~ Schneide die Zucchini in Scheiben und halbiere die Kirschtomaten. Hacke das Basilikum klein und verrühre es mit den Eiern, der Milch und dem Käse.

3 ~ Nimm den Teig aus dem Kühlschrank und rolle ihn auf einer bemehlten Arbeitsfläche 3 mm dick aus. Lege ihn in eine Quiche-form und trenne den überstehenden Teig ab. Stich mit einer Gabel ein paar Mal in den Boden.

4 ~ Verteile die Eiermasse über den Teig und lege die Zucchinischeiben und die Tomatenstücke gleichmäßig darüber. Backe die Quiche 25 bis 30 Minuten im vorgeheizten Backofen bei 180 °C Umluft.

5 ~ Nimm die Quiche aus dem Ofen, lasse sie etwas abkühlen und schneide sie wie einen Kuchen in gleich große Stücke.

*#frankreichurlaub #leichtigkeitsgefuehl #salzluft #ferienammeer
#salatbegleitung #urlaubsstimmung*

Salat mit Schafskäse ist ja wirklich schon ein Klassiker. Da ich es gerne ein bisschen ausgefallen und außergewöhnlich mag, probiere ich häufig neue Interpretationen altbewährter
Gerichte aus. Besonders angetan hat es mir die Kombination aus Schafskäse mit Honig und
geröstetem Sesam.

Salat mit Schafskäse
in Honig-Sesam-Kruste

Für 2 Personen ~ Dauert 30 Minuten

Man nehme 4 Scheiben runden Schafskäse ~ 3 EL Sesam ~ 1 Lollo Rosso ~
1 Handvoll grünen Salat ~ 4 EL Olivenöl ~ 2 EL Himbeeressig ~
1 Prise Salz ~ 1 Prise Pfeffer ~ 2 EL Honig

1 ~ Lege den Schafskäse auf ein Backblech
und lasse ihn 10 bis 12 Minuten im vorgeheizten Backofen bei 180 °C Umluft backen.

2 ~ Röste den Sesam bei mittlerer Hitze
unter ständigem Rühren in einer Pfanne,
bis er goldbraun geworden ist.

3 ~ Zerrupfe die Salatblätter in mundgerechte
Stücke und lege sie in eine Salatschüssel.

Verrühre Öl, Essig, Salz und Pfeffer zu einer
Vinaigrette und mache damit den Salat an.

4 ~ Bestreiche den lauwarmen Käse mit
Honig, wende ihn im gerösteten Sesam
und backe ihn weitere 5 Minuten im Ofen.
Lasse ihn kurz abkühlen und lege ihn auf
den Salat. Dazu schmecken besonders gut
frische Feigen.

#honigsesamkruste #kombinierfreude #sesamroester #salatklassiker
#interpretationslust #kaeseaufsalat

Gefüllte Gerichte mag ich besonders gerne. Einer meiner Klassiker sind meine Wraps mit selbstgemachten Dinkeltortillas. Das Rezept ist im Grunde sehr einfach, schmeckt aber richtig ausgefallen. Egal, ob man Wraps lieber kalt oder warm isst und mit was man sie füllt, sie schmecken einfach immer.

Wraps mit Dinkeltortillas

Für 4 Portionen ~ Dauert 45 Minuten

Man nehme 200 g Dinkelmehl Type 1050 ~ 1 Messerspitze Backpulver ~ 1 TL Salz ~
2 EL Olivenöl ~ 4 TL Kokosöl ~ 1 Handvoll glatte Petersilie ~
200 g Quark (20 % Fett) ~ 8 kleine Tomaten ~ 4 grüne Salatblätter ~
100 g Mais ~ 100 g Kidneybohnen ~ 150 g Thunfisch

1 ~ Knete das Mehl zusammen mit dem Back-pulver, ½ TL Salz, dem Öl und 180 ml warmem Wasser zu einem festen Teig. Erhitze eine Pfanne mit 1 TL Kokosöl und backe eine Hälfte des Teiges aus. Wenn der Teig fest geworden ist, wende ihn und backe kurz die andere Seite. Wiederhole den Vorgang noch drei Mal und lege die Tortillas zur Seite.

2 ~ Hacke die Petersilie klein und rühre sie mit ½ TL Salz unter den Quark. Halbiere die Tomaten.

3 ~ Verteile den Salat, den Mais, die Kidney-bohnen, den Thunfisch, die Tomaten und den Kräuterquark gleichmäßig auf die Wraps.

4 ~ Um die Wraps so einzupacken, dass du sie mitnehmen kannst, ohne unterwegs etwas zu verlieren, klappe ein Ende des Teigs um und rolle den Wrap seitlich ein. Du kannst die Wraps auch mit einem Faden zusammen-binden und mit Zahnstochern fixieren.

*#eingewickelt #texmexkueche #teigzusammenhalt #dinkeltortilla
#rollmethode #schmecktauchkalt*

Frisches Brot schmeckt lecker. Ich mag aber auch geröstetes Brot mit Knoblauch und Oliven-öl. Wenn es dann noch mit so tollen Zutaten wie Ziegenkäse, Feigen, Salbei und Honig belegt ist, lasse ich alles stehen und liegen. Was in meiner Küche als Resteverwertung anfing, endete mit einem richtigen Feinschmeckerhäppchen.

FEIGEN—HONIG—CROSTINI

Für 8 Portionen ~ Dauert 30 Minuten

Man nehme 1 Knoblauchzehe ~ 8 runde Scheiben Walnussbrot (mit Roggenmehl) ~
8 TL Olivenöl ~ 8 Scheiben runden Ziegenkäse ~ 4 Feigen ~ 2 EL Honig ~
4 große Salbeiblätter

1 ~ Halbiere die Knoblauchzehe und reibe mit den Schnittflächen die Brotscheiben kräftig ein. Bestreiche die Scheiben mit je 1 TL Öl.

2 ~ Erhitze eine Pfanne und röste die Brote bei mittlerer Hitze 2 Minuten von jeder Seite, nimm sie heraus und lasse sie abkühlen.

3 ~ Belege die Brote mit dem Ziegenkäse. Schneide die Feigen der Länge nach auf und verteile sie auf den Scheiben. Gieße den Honig darüber. Hacke den Salbei fein und bestreue die Crostini damit.

*#knoblauchsucht #brotroester #feigensalbeiliebe #vorspeisenklassiker
#landbrotscheiben #feinschmeckerhaeppchen*

Meine Mama liebt ihren Rohkostsalat mit Brokkoli, Apfel und Honig. Ich mag ihn allerdings viel lieber mit Blattsalat, nur etwas Apfel und wesentlich weniger Honig. Dafür mit frischem Spargel als Vorbote für den Sommer.

SPARGELSALAT MIT APFEL

Für 2 Personen ~ Dauert 30 Minuten

Man nehme ½ Kopfsalat ~ 50 g Rucola ~ 5 Kirschtomaten ~ 50 g Blaubeeren ~
½ Apfel (z. B. Elstar) ~ 10 Stangen grüner Spargel ~ 5 EL Olivenöl ~
2 EL Weißweinessig ~ 1 TL Honig ~ 1 Prise Salz ~ 1 Prise Pfeffer

1 ~ Zupfe den Kopfsalat in mundgerechte Stücke und verteile ihn mit der Rucola auf zwei Teller. Viertele die Tomaten und lege sie mit den Blaubeeren darüber.

2 ~ Schneide den Apfel in dünne Schnitze und brate diese mit dem Spargel in einer Pfanne mit 1 EL Öl kurz an. Verteile die Apfelstücke und die Spargelstangen auf die Teller.

3 ~ Verrühre 4 EL Öl, den Essig, den Honig, Salz und Pfeffer zu einer Vinaigrette und gieße sie über den Apfel-Spargel-Salat.

*#spargelzeit #rohkostphase #wasdermarkthergibt #sommervorbote
#spargelgenuss #vinaigrettebegleitung*

Ich habe Falafel zum ersten Mal auf einem Street-Food-Festival gegessen und war sofort begeistert. Seitdem habe ich viele Varianten ausprobiert und dabei versucht, die Zubereitung noch einfacher und schneller hinzubekommen. Bei dieser Kichererbsen-Variante benutze ich gekochte anstatt getrocknete Kichererbsen.

FALAFEL MIT GEMISCHTEM SALAT

Für 2 Personen ~ Dauert 30 Minuten

Man nehme 200 g gekochte Kichererbsen ~ 1 Knoblauchzehe ~
1 Handvoll glatte Petersilie ~ 1 EL Dinkelsemmelbrösel ~ ½ TL gemahlenen Koriander ~
½ TL Kreuzkümmel ~ ½ TL Backpulver ~ 1 TL Salz ~ 2 ½ EL Zitronensaft ~
5 EL Olivenöl ~ 100 g Pflücksalat ~ 1 Prise Pfeffer

1 ~ Zerdrücke die Kichererbsen mit einer Gabel in einer Schüssel so fein wie möglich. Schneide die Knoblauchzehe in kleine Stücke und hacke die Petersilie. Gib beides zu den Kichererbsen in die Schüssel.

2 ~ Füge die Semmelbrösel, den Koriander, den Kreuzkümmel, das Backpulver, ½ TL Salz und ½ EL Zitronensaft hinzu und verrühre alles zu einer gleichmäßigen Masse.

3 ~ Nimm portionsweise jeweils einen gehäuften Esslöffel von der Masse und forme mit den Händen eine Kugel. Wiederhole den Vorgang, bis die Masse aufgebraucht ist.

4 ~ Lege die Kugeln auf ein mit Backpapier ausgelegtes Backblech. Bestreiche sie mit 1 EL Öl und backe sie 20 Minuten im vorgeheizten Backofen bei 180 °C Umluft. Wenn die Falafeln schön goldbraun sind, nimm sie aus dem Ofen und lasse sie abkühlen.

5 ~ Mache den Salat mit 4 EL Öl, 2 EL Zitronensaft, ½ TL Salz und dem Pfeffer an und verteile ihn auf zwei Tellern. Lege die abgekühlten Falafeln auf den Salat.

*#pfluecksalat #kichererbsenball #dinkelsemmelbroesel #streetfoodfestivalklassiker
#arabischesgefuehl #tausendundeinenacht*

Hummus könnte ich wirklich zu allem essen: egal, ob klassisch aufs Brot, als Beilage zum Fleisch oder als Dip mit Gemüsesticks. Als großer Kichererbsen-Fan liebe ich dieses Gericht. Seitdem ich Hummus für mich entdeckt habe, habe ich keine Lust mehr auf Chips gehabt. Ich kann also dank Hummus auch endlich gesund snacken.

Hummus

Für 2 Personen ~ Dauert 30 Minuten

Man nehme 200 g gekochte Kichererbsen ~ 2 EL Olivenöl ~ ½ Knoblauchzehe ~
1 EL Tahin (Sesampaste) ~ 1 EL glatte Petersilie ~ 1 EL Zitronensaft ~
½ TL Kreuzkümmel

1 ~ Fülle die Kichererbsen mit dem Öl, dem Knoblauch, der Sesampaste, der Petersilie, dem Zitronensaft und dem Kreuzkümmel in den Mixer und püriere alles auf höchster Stufe zu einer gleichmäßigen Creme.

2 ~ Fülle den Hummus in ein Schälchen und stelle ihn 20 Minuten in den Kühlschrank. Dort hält er sich bis zu einer Woche.

#orientliebe #kichererbsenfan #gesundsnacken #kreuzkuemmelig
#dipfreude #brotbegleiter #hummusgehtschnell

Während meiner Zeit im Krankenhaus und in der Reha haben mich besonders Kichererbsen, Linsen, Bohnen und sonstige Hülsenfrüchte begleitet. Ich wusste vorher nicht, wie gut und gesund – gerade für die Gelenke – diese kleinen Helferchen sind. Ich kann sie jedem ans Herz legen, der wie ich nicht die besten Knochen und Gelenke hat.

LINSENSALAT

Für 8 bis 10 Portionen ~ Dauert 1 Stunde

Man nehme 400 g rote Linsen ~ 1 l Gemüsebrühe ~ 1 TL Tomatenmark ~
½ TL Honig ~ 1 TL Abrieb einer Bio-Zitrone ~ 2 EL Olivenöl ~ 1 EL Kräuteressig ~
1 Frühlingszwiebel ~ 1 rote Paprikaschote ~ 1 gelbe Paprikaschote ~
½ Knoblauchzehe ~ 1 Prise Salz ~ 1 Prise Pfeffer

1 ~ Koche die Linsen mit 800 ml Gemüsebrühe in einem Topf auf, reduziere die Hitze und lasse sie 15 Minuten unter gelegentlichem Rühren bei mittlerer Hitze quellen.

2 ~ Verrühre das Tomatenmark mit Honig, Zitronenabrieb, Öl, Essig und 200 ml Gemüsebrühe in einer Salatschüssel.

3 ~ Schneide die Frühlingszwiebel, die Paprikaschoten und die Knoblauchzehe klein. Gib alles mit den gequollenen Linsen in die Salatschüssel und verrühre es miteinander. Schmecke den Linsensalat mit Salz und Pfeffer ab.

*#knochenaufbauer #gelenkhelfer #huelsenfruchtbegleiter #linsenklassiker
#leichtekueche #handvollzwiebeln #linsenfarbe*

Pancakes machen nicht nur als Süßes zum Frühstück, sondern auch als herzhafte Variante richtig viel her. Und sind auch noch gesünder. Besonders gut schmecken mir die Pancakes mit Spinat und Rucola. Sie bieten alles, was dein Körper für einen guten Tag braucht.

Spinat—Pancakes

Für 2 Personen ~ Dauert 1 Stunde

Man nehme 2 Eier ~ 200 ml ungesüßte Hafermilch ~ 25 g Blattspinat ~
25 g Rucola ~ ½ TL Salz ~ ½ TL Backpulver ~ 50 g gemahlene Haferflocken ~
200 g Dinkelmehl Type 1050 ~ 1 TL Kokosöl ~ 200 g Kirschtomaten

1 ~ Fülle die Eier, die Hafermilch, den Spinat, die Rucola und das Salz in einen Mixer und püriere alles sehr fein.

2 ~ Gib die Masse in eine Schüssel und rühre mit einem Handrührgerät löffelweise nacheinander das Backpulver, die Haferflocken und das Dinkelmehl unter.

3 ~ Erhitze das Kokosöl in einer Pfar ne und backe die Pancakes in kleinen Portionen bei mittlerer Hitze braun aus.

4 ~ Halbiere die Tomaten und verteile sie auf den Pancakes. Wenn du magst, bestreiche die Pancakes mit 150 g Naturjoghurt.

*#salzpfannkuchen #allwhatyouneed #pancakeszumabendessen
#herzhaftstattsuess #spinatspass #pfannkuchenfreude*

Im Sommer fehlt mir oft die Geduld und ehrlich gesagt auch der Hunger für aufwendige und schwere Gerichte. Da ist so ein Schichtsalat im Glas mit einer leichten Limettensoße eine perfekte Alternative.

SCHICHTSALAT

Für 2 Personen ~ Dauert 15 Minuten

Man nehme 1 Limette ~ 3 EL Olivenöl ~ 2 Prisen Salz ~ 1 Prise Pfeffer ~
100 g gekochte Linsen ~ 1 Handvoll grünen Salat ~ 1 rote Paprikaschote ~
½ Gurke ~ 1 Handvoll kleine Tomaten ~ 1 gelbe Paprikaschote

1 ~ Presse die Limette aus und verrühre den Saft mit dem Öl. Würze die Vinaigrette mit Salz und Pfeffer und gieße sie in ein Einmachglas mit Verschluss. Fülle darauf die Linsen. Zerrupfe die Salatblätter in mundgerechte Stücke und lege sie in einer Schicht darüber.

2 ~ Schneide die rote Paprikaschote in kleine Stücke, brate sie kurz in einer Pfanne an und lasse sie abkühlen. Raspel die Gurke in Stifte und schneide die Tomaten und die gelbe Paprikaschote in dünne Scheiben. Schichte alles im Glas.

3 ~ Der Schichtsalat eignet sich perfekt zum Mitnehmen, da die Salatblätter zwischen den Linsen und den anderen Zutaten dafür sorgen, dass das Gericht nicht so schnell aufweicht.

*#sommerleichtigkeit #limettenfrische #schichtfreude #sommerkueche
#gurkenstifte #salattogo #sommerspiel*

Während mein Freund schon immer Thunfisch mochte, hat es bei mir ein wenig gedauert, bis ich mich in diesen Fisch verliebt habe. Zu Beginn hat mich der Geruch in der Wohnung gestört, mittlerweile mag ich den herzhaften Geschmack sehr. Besonders gerne esse ich Thunfisch mit leckerem Vollkornbrot und frischem Liebstöckel aus meinem Garten.

Thunfisch—Sandwich

Für 2 Personen ~ Dauert 20 Minuten

Man nehme 6 kleine Scheiben Dinkelvollkornbrot ~ 100 g Thunfisch ~
1 EL Naturjoghurt (3,5 % Fett) ~ ½ TL Zitronensaft ~ 1 Prise Salz ~ 1 Prise Pfeffer ~
1 Handvoll Liebstöckel

1 ~ Röste die Brotscheiben in einem Toaster, bis sie schön dunkel und kross sind, und trenne sie in der Mitte durch.

2 ~ Gib den Thunfisch in eine Schüssel und rühre den Naturjoghurt und den Zitronensaft unter. Schmecke alles mit Salz und Pfeffer ab.

3 ~ Bestreiche die Brothälften mit der Thunfischcreme und verteile die Liebstöckelblätter darüber. Klappe die Brotscheiben zu Sandwiches zusammen.

*#kraeutergarten #liebstoeckelfreude #einbrotwiesandwich #raubfischbrot
#zweibrotscheiben #englandskind #sirsandwich*

Ich liebe Süßigkeiten. Früher habe ich viel weißen Haushaltszucker gegessen. Inzwischen grei-
fe ich nur noch auf natürliche Süße zurück und mache mir meine Süßigkeiten selbst. So muss
ich nicht auf sie verzichten. Besonders gefällt es mir, wenn ich sie auch noch mitnehmen kann
wie diese leckeren gesunden Energy Balls.

Energy Balls

Für 8 bis 10 Portionen ~ Dauert 15 Minuten

Man nehme 60 g Mandeln ~ 60 g Cashewkerne ~ 150 g Haferflocken ~
8 getrocknete Datteln ~ 50 g getrocknete Feigen ~ 1 EL Chiasamen ~
2 EL entölter Kakao ~ 1 EL Honig

1 ~ Püriere die Mandeln, Cashewkerne und Haferflocken in einem Mixer auf hoher Stufe ganz fein.

2 ~ Gib die Dattteln, die Feigen, die Chiasamen, den Kakao und den Honig hinzu und mixe alles auf hoher Stufe, bis eine homogene Masse entsteht.

3 ~ Nimm portionsweise jeweils einen gehäuften Esslöffel von der Masse und rolle ihn zu einer Kugel.

4 ~ Zum Verzieren wälze die Energy Balls in Kakaopulver, Kokosraspeln, buntem Fruchtpulver oder was dir sonst noch einfällt.

#energiekugeln #sweetlover #verzierfreunde #sweettogo #kugelform
#kokosraspelbad #buntekugeln

Süße Kraftpakete zum Mitnehmen

Haferflocken sind für mich das Beste, was es an Getreide gibt. Sie liefern alles, was mein Körper braucht. Ich habe Haferflocken fest in meinem Alltag und in meinem Ernährungsplan integriert und immer jede Menge in meinem Haushalt vorrätig.

OVERNIGHT OATS

Für 2 Personen ~ Dauert 15 Minuten und 1 Nacht

Man nehme 100 g Haferflocken ~ 250 ml Milch ~ 4 EL Naturjoghurt (1,5 % Fett) ~
1 EL Honig ~ 1 Handvoll gehackte Mandeln ~ ½ Banane ~ 1 Handvoll Himbeeren

1 ~ Verrühre die Haferflocken gut mit der Milch, dem Naturjoghurt, dem Honig und den Mandeln. Fülle den Haferbrei in zwei Einmachgläser und lasse ihn über Nacht im Kühlschrank ziehen.

2 ~ Nimm den Haferbrei am nächsten Morgen aus dem Kühlschrank. Schneide die Banane in Scheiben und verteile sie mit den Himbeeren auf den Haferflocken.

*#einmachlust #uebernachtungsgast #alltagsinhalt
#haferflockenhimbeerglueck #getreidefavorit #vorratsflocken #immerda*

GESUND

BEDEUTET

VERZI

ZU LEBEN

NICHT ZU

CHTEN.

Tomaten ziehe ich in meinem Garten selbst. Wenn sie richtig schön reif sind, gibt es bei mir eine Woche lang Tomatengerichte, so wie diese leckere Suppe. Auf sie freue ich mich schon das ganze Jahr. Sie schmeckt sowohl warm als auch kalt herrlich intensiv und fruchtig.

TOMATENSUPPE

Für 4 Portionen ～ Dauert 1 Stunde und 30 Minute

Man nehme 400 g Tomaten ~ ½ Zwiebel ~ ½ Knoblauchzehe ~
1 Handvoll Basilikum ~ 1 EL Olivenöl ~ 1 TL Tomatenmark ~ 250 ml Gemüsebrühe ~
80 g Ricotta ~ 1 Prise Pfeffer

1 ~ Schneide die Tomaten und die Zwiebel in kleine Stücke. Hacke den Knoblauch und das Basilikum. Erhitze einen Topf mit Öl und schwitze das Tomatenmark, den Knoblauch und die Zwiebelstücke kurz an.

2 ~ Gib die Tomaten dazu und brate sie kurz. Lösche alles mit der Gemüsebrühe ab. Bringe die Suppe zum Kochen und rühre den Ricotta und das Basilikum unter. Schmecke die Suppe mit Pfeffer ab und lasse sie 40 bis 45 Minuten unter gelegentlichem Umrühren köcheln.

3 ~ Zur Tomatensuppe passt wunderbar eine Rosmarin-Tomaten-Focaccia.

#tomatenreife #vorfreude #schmecktauchkalt
#gartentomaten #suppenglueck #tomatebasilikumpaar #tomatenklassiker

SÜSSES

Himbeereis

Haferflockencups

Schichtdessert

Frozen Yogurt mit Blaubeeren

Haferkekse

Obstsalat mit griechischem Joghurt

Franzbrötchen mit Kirschen

Zitronen-Joghurt-Kuchen

Mousse au Chocolat mit Minze

Mandel-Panna-Cotta

Bananenbrot

Cheesecake-Mango-Creme

Kaiserschmarrn

Milchreis mit Zwetschgenkompott

A

Als ich beschlossen hatte, mich gesünder zu ernähren, bekam ich Reaktionen wie „Was? Gesund? Für immer?" oder „Aber dann kannst du ja nie wieder Süßigkeiten essen." Gerade die Leute, die mich gut kennen, waren verwundert, denn mein Bruder und ich galten früher als „Süßigkeitenvernichter" und „Krümelmonster". Offiziell habe ich vor dem Essen keine Süßigkeiten gegessen. Inoffiziell hat meine Oma die im Sofakissen versteckten Bonbonpapierchen natürlich alle gefunden – und wortlos weggeworfen.

BIRKENZUCKER & CO.

Durch meine Operationen kam das Umdenken. Süßigkeiten habe ich zwar gelegentlich noch gegessen, jedoch sehr reduziert. Heute mache ich sie einfach selbst. Es gibt so viele natürliche Alternativen zum herkömmlichen Zucker. Ich verwende oft Birkenzucker, da er nicht nur gut für die Zähne ist, sondern auch deutlich weniger Kalorien als normaler Zucker hat. Sehr gerne greife ich auch auf Honig, Agavendicksaft, Kokosblüten- und Vollrohrzucker zurück. Insgesamt esse ich heute weniger Zuckeralternativen als früher Zucker.

Bei selbst gemachten Süßigkeiten kann ich genau entscheiden, welche Zutaten drin sind und wie süß es wird.

Man muss für eine gesunde Ernährung also auf nichts verzichten. Nur ein paar alte Gewohnheiten zu ändern, reicht oft schon aus. Bei selbst gemachten Süßigkeiten kann ich genau entscheiden, welche Zutaten drin sind und wie süß es wird. Es gibt so viele wunderbare Rezepte für leckere Süßspeisen. Ich kann

aus Überzeugung sagen, dass mir nichts von all dem Süßkram fehlt, den ich früher noch in meiner Süßigkeitenkiste gehortet habe.

WENIGER IST MEHR

Auch ein „Süßigkeitenvernichter" kann sein Leben zu einem gesünderen verändern. Fang doch einfach an und iss weniger Lebensmittel und Fertigprodukte, in denen Zucker enthalten sind. Den süßen Geschmack können dir auch gesunde Lebensmittel geben. Wenn du dich erst einmal daran gewöhnt hast, möchtest du nicht mehr zurück zu deinem „ungesunden Ich".

Wenn man auf Zucker verzichten möchte, wird einem spätestens im Sommer schmerzlich bewusst, dass kaum eine Eisdiele zuckerfreies Eis hat. Ist aber auch nur halb so wild, denn Eis kann man wirklich ganz wunderbar selbst machen. Sogar ohne Eismaschine und genau in den Portionen, in denen man es gerade möchte.

HIMBEEREIS

Für 8 Portionen ~ Dauert 15 Minuten

Man nehme 50 g Kokosblütenzucker ~ 350 g tiefgekühlte Himbeeren ~
3 kleine Minzblätter ~ 100 g Naturjoghurt (3,5 % Fett)

1 ~ Mahle den Kokosblütenzucker mit einem Mixer auf höchster Stufe sehr fein. Mixe die Himbeeren, die Minze und den Joghurt dazu, bis eine cremige Konsistenz entsteht.

2 ~ Fürs Aufbewahren fülle das Eis in Formen und lagere diese in der Gefriertruhe. Wenn du Eis essen möchtest, taue es 10 bis 12 Minuten an und püriere es erneut im Mixer.

#eisgenuss #allesisterlaubt #eismacher #himbeerminzfreundschaft #sommerzeit
#geschmacksvarianten #kokosbluetenzucker

Ich könnte wirklich immer und überall Haferflocken essen. Hafer ist nämlich nicht nur lecker, sondern auch eine der gesündesten Getreidesorten, die es gibt. Haferflocken geben dem Körper alles, was er braucht. Ganz besonders lecker finde ich die Kombination aus Hafer und Honig. Jetzt nur noch Obst und Joghurt für etwas Frische dazu, und ich bin glücklich!

HAFERFLOCKENCUPS

Für 2 Personen ~ Dauert 30 Minuten

Man nehme ½ reife Banane ~ 75 g Haferflocken ~ 75 g Honig ~ 2 EL Butter ~ 150 g griechischen Joghurt (1,5 % Fett) ~ 100 g Aprikosen ~ 50 g Himbeeren

1 ~ Zerdrücke die Banane mit einer Gabel zu Brei. Füge die Haferflocken und 50 g Honig hinzu und vermenge alles gut, bis daraus eine klebrige Masse wird.

2 ~ Fette Muffin- oder Tartletteformen mit Butter ein und verteile die Masse darin.

3 ~ Backe die Cups 10 Minuten im vorgeheizten Backofen bei 180 °C Umluft. Wenn sie goldbraun sind, nimm sie aus dem Ofen und lasse sie abkühlen.

4 ~ Verrühre den Joghurt mit 25 g Honig und gib die Creme auf die Haferflockencups. Schneide die Aprikosen in dünne Scheiben und verteile sie mit den Himbeeren auf die Creme.

#haferloveshonig #getreideglueck #honigfreude #alleswasdubrauchst #obstfrische #haferflockig

Das perfekte Dessert ist für mich eine Kombination aus etwas Fruchtigem und etwas Cremigem. Besonders gern esse ich dabei Skyr, da er kaum Zucker, dafür jede Menge Eiweiß enthält und super cremig ist. Dazu noch ein paar frische Erdbeeren und das perfekte Dessert ist fertig. Mit Minze wird es dann noch etwas ausgefallener.

Schichtdessert

Für 2 Personen ~ Dauert 30 Minuten

Man nehme 200 g Erdbeeren ~ 4 große Blätter Minze ~
½ TL Zitronensaft ~ 2 TL Honig ~ 300 g Skyr

1 ~ Schneide die Erdbeeren in kleine Stücke und hacke die Minze. Gib beides mit dem Zitronensaft und dem Honig in einen kleinen Topf. Koche alles unter ständigem Rühren auf.

2 ~ Nimm den Topf von der heißen Platte und lasse die Erdbeeren abkühlen.

3 ~ Schichte den Skyr und die Erdbeeren abwechselnd in zwei Gläser. Stelle das Schichtdessert für 10 Minuten im Kühlschrank kalt.

#dasperfektedessert #fruchttrifftcreme #nachtischliebling #hochstapler
#islandjoghurt #minzauftritt #nachtischschichter

Eis am Stiel kommt nie aus der Mode und ist als Frozen Yogurt ein echter Trendsetter.

Egal, wie alt man ist, Eis am Stiel ist wirklich immer ein Highlight. Als ich klein war, habe ich meinen Opa sehr oft und sehr lange genervt, bis ich endlich mein geliebtes Orangeneis am Stiel von diesem kleinen Kiosk mit dem Mini-Billardplatz davor bekommen habe. Aber im Urlaub am Bodensee braucht man ja auch unbedingt ein Eis, oder?

FROZEN YOGURT MIT BLAUBEEREN

Für 8 Portionen ~ Dauert 3 Stunden

Man nehme 500 g griechischen Joghurt (10 % Fett) ~
200 g Blaubeeren ~ 2 EL Honig ~ 8 Eisformen und Stiele

1 ~ Lege ein Sieb in eine Schüssel und darüber ein Geschirrtuch. Fülle den Joghurt vorsichtig in das ausgelegte Sieb und lasse ihn 1 Stunde abtropfen.

2 ~ Püriere die Blaubeeren mit 1 EL Honig in einem Mixer, bis keine Stückchen mehr zu sehen sind. Verteile das Blaubeerpüree in 8 Eisformen und stelle sie 30 Minuten in dem Tiefkühlfach kalt.

3 ~ Fülle den festen Joghurt aus dem Sieb in eine Schüssel und rühre 1 EL Honig unter. Fülle den Joghurt ebenfalls in die Eisformen und drücke die Stiele mittig in die Eismasse. Stelle sie mindestens 2 Stunden in das Tiefkühlfach.

*#joghurtfrost #eisamstiel #urlaubamsee #kioskglueck #blaubeerpueree
#trendeis #nurjoghurtblaubeerenundhonig*

Ich liebe Kekse und könnte sie täglich essen. Mit diesem Rezept bin ich auf der „gesunden"
Seite. Die Hauptzutat sind Haferflocken, dazu gibt es Dinkelmehl, Mandeln und ein Ei.
Es handelt sich zwar immer noch um Süßigkeiten, aber im Gegensatz zu herkömmlichen
Keksen fühle ich mich mit den Haferkeksen richtig gut. Und noch dazu sind es richtig
kleine Sattmacher.

HAFERKEKSE

Für 10 bis 12 Portionen ~ Dauert 1 Stunde

Man nehme 80 ml Kokosöl ~ 1 Ei ~ 50 g Vollrohrzucker ~ 100 g Haferflocken ~
50 g Dinkelmehl Type 1050 ~ 50 g gemahlene blanchierte Mandeln ~
½ TL Backpulver ~ 50 g Schokodrops mit Birkenzucker ~ 1 Prise Salz ~ 1 Prise Zimt

1 ~ Quirle das Kokosöl, das Ei und den
Vollrohrzucker mit einem Handrührgerät
schaumig.

2 ~ Vermische Haferflocken, Mehl, Mandeln,
Backpulver, die Schokodrops sowie Salz und
Zimt in einer separaten Schüssel und rühre
diese Mischung löffelweise unter die Kokos-
öl-Ei-Creme, bis ein fester Teig entsteht.

3 ~ Verteile den Teig portionsweise mit zwei
Esslöffeln auf ein mit Backpapier ausgelegtes
Backblech. Lasse ausreichend Platz zwischen
den Keksen, da diese später beim Backen
noch etwas aufgehen.

4 ~ Backe die Kekse 12 bis 15 Minuten im vorgeheizten Backofen bei 180 °C Umluft. Lasse
sie auf einem Kuchengitter gut abkühlen.

#kekssucht #seelentroester #haferstichtkeks #keksgefuehl
#nimmdireinenkeks #hafersuess #salzundzimt

Griechischer Joghurt ist ein absoluter Fitnessgeheimtipp. Er schmeckt nicht nur super lecker und cremig, sondern hat auch noch jede Menge Eiweiß. Auch wenn er einen etwas höheren Fettanteil hat, darf dich das nicht verunsichern, denn der Körper braucht, um gesund zu sein, auch Fette. Besonders gut schmeckt der griechische Joghurt mit frischem Obst.

OBSTSALAT
MIT GRIECHISCHEM JOGHURT

Für 2 Personen ~ Dauert 30 Minuten

Man nehme 2 EL Honig ~ 300 g griechischen Joghurt (10 % Fett) ~ 5 Aprikosen ~
5 Erdbeeren ~ 1 Banane ~ 1 TL Zitronensaft ~ 1 Handvoll Heidelbeeren

1 ~ Rühre den Honig unter den Joghurt und verteile diesen auf zwei Obstschälchen. Stelle den Joghurt 10 Minuten im Kühlschrank kalt.

2 ~ Viertele die Aprikosen und die Erdbeeren. Schneide die Banane in Scheiben und gib den Zitronensaft darüber.

3 ~ Hole den Joghurt aus dem Kühlschrank und verteile die Bananen, Erdbeeren, Aprikosen und Heidelbeeren gleichmäßig auf die Schälchen.

*#joghurtfitness #urlaubsliebe #eiweisswunder #calciumquelle
#obstfreundschaft #abtropfjoghurt #suedlaender #sommerdessert*

Ich liebe Hefegebäck. Schon der Hefezopf von meiner Oma war immer das Allergrößte für mich. Auch heute liebe ich die Zubereitung, den Geruch von frischem Gebäck in der Wohnung und den Genuss des noch warmen Gebäcks. Ganz besonders gut schmeckt es mir am Wochenende auf der Terrasse mit einem frischen Kaffee in der Hand.

FRANZBRÖTCHEN MIT KIRSCHEN

Für 10 bis 12 Portionen ~ Dauert 1 Stunde und 30 Minuten

Man nehme 400 g Dinkelmehl Type 1050 ~ 100 g Birkenzucker ~
1 Prise Salz ~ ½ Würfel Hefe (21 g) ~ 200 ml Milch (1,5 % Fett) ~
1 EL Kokosöl ~ 2 EL Honig ~ 250 g Kirschen

1 ~ Vermische das Mehl mit dem Birkenzucker und dem Salz in einer Schüssel. Forme eine kleine Mulde und brösele die Hefe hinein. Erwärme die Milch mit dem Kokosöl und 1 EL Honig in einem Topf, bis sie lauwarm ist. Gieße sie in die Schüssel und knete alles zu einem glatten Teig.

2 ~ Decke die Schüssel mit einem Geschirrtuch ab und lasse den Teig an einem warmen Ort 30 Minuten gehen. Entsteine die Kirschen, fülle sie mit 1 EL Honig in einen Mixer und püriere sie grob.

3 ~ Rolle den Teig auf einer Unterlage zu einem Quadrat aus und bestreiche ihn mit den pürierten Kirschen. Drehe den Teig zu einer Rolle und schneide diese in Scheiben. Drücke die Scheiben mit einem dünnen Stäbchen ein, sodass die gerollten Enden etwas herauskommen.

4 ~ Lege die Franzbrötchen mit ausreichend Abstand auf ein mit Backpapier ausgelegtes Backblech und backe sie 30 bis 35 Minuten im vorgeheizten Backofen bei 180 °C, bis sie goldbraun sind.

*#gebaeckgenuss #kaffeebegleiter #zimtschneckenbruder #wochenendfreude
#hamburgerklassiker #teigroller*

Schon als Kind war Zitronenkuchen mein Lieblingskuchen. Ich mag die Frische und den leichten Geschmack durch die Zitronennote. Keine Sahne- oder Buttercremetorte kann für mich da mithalten. Ich verwende bei meinem Zitronenkuchen cremigen Joghurt.

ZITRONEN–JOGHURT–KUCHEN

Für 12 Portionen ~ Dauert 1 Stunde

Man nehme 250 g Dinkelmehl Type 1050 ~ 1 TL Backpulver ~ 200 g Birkenzucker ~
3 Eier ~ 80 ml geschmacksneutrales Kokosöl ~ 50 g Naturjoghurt (1,5 % Fett) ~
100 ml Milch ~ 2 EL Abrieb einer Bio-Zitrone ~ 6 EL Zitronensaft

1 ~ Vermische das Mehl, das Backpulver und 100 g Birkenzucker in einer Schüssel. Rühre die Eier, das Kokosöl, den Joghurt, die Milch, den Zitronenabrieb und 4 EL Zitronensaft in einer zweiten Schüssel, bis die Creme schaumig geworden ist.

2 ~ Gib die Mehlmischung löffelweise zu der Creme und mixe dabei mit dem Handrührgerät erst auf mittlerer Stufe, dann 3 Minuten auf höchster Stufe, bis ein glatter Teig entsteht.

3 ~ Fülle den Teig in eine mit Backpapier ausgelegte Kastenform und backe ihn 40 bis 45 Minuten im vorgeheizten Backofen bei 180 °C Umluft. Nach 15 Minuten schneide den Kuchen mit einem Messer der Länge nach leicht ein. Lasse ihn abkühlen und hole ihn vorsichtig aus der Form.

4 ~ Mahle 100 g Birkenzucker im Mixer sehr fein und fülle ihn in eine Schüssel. Gib 2 EL Zitronensaft hinzu und rühre alles zu einem Guss. Verteile den Zitronenguss gleichmäßig auf dem Kuchen und lasse ihn gut trocknen.

*#lieblingskuchen #zitronenfrische #sommerleicht #zitronenguss
#buttercremetortenersatz #geschmacksnote*

Mein erster Versuch, Schokolade selbst zu machen, war unfassbar aufwendig. Nachher war die strahlend weiße Küche komplett dreckig und die Schokolade landete mehr auf den Fliesen und mir als in der Schokoladenform. Inzwischen mache ich lieber leckeres Mousse au Chocolat. Das geht einfach, schmeckt viel leichter und macht fast gar keine Flecken.

Mousse au Chocolat
mit Minze

Für 4 bis 6 Portionen ~ Dauert 1 Stunde

Man nehme 200 g Zartbitterschokolade ~ 6 Minzblätter ~ 4 Eier ~
1 EL Kokosblütenzucker ~ 150 ml ungesüßte Mandelmilch

1 ~ Zerkleinere die Schokolade in Stückchen und lasse sie unter ständigem Rühren im Wasserbad schmelzen. Gib die Minzblätter hinein, damit sie ihren Geschmack abgeben können.

2 ~ Trenne die Eier und rühre das Eigelb mit dem Kokosblütenzucker in einer Schüssel schaumig. Zupfe die Minzblätter aus der flüssigen Schokolade. Rühre erst die Schokosoße und dann die Mandelmilch langsam in die Eiercreme.

3 ~ Schlage das Eiweiß steif und hebe es vorsichtig unter die Schokoladenmischung.

4 ~ Fülle die Mousse in Gläser, dekoriere sie mit den Minzblättern und stelle sie im Kühlschrank kalt.

*#sommerinfrankreich #schokoladenform #kaltgestellt #nachspeisenklassiker
#minzgeschmack #fleckenlos #kokosbluetensuess*

Tatsächlich muss man bei einer gesunden Ernährung nicht mal auf so fantastische Sachen wie Panna Cotta verzichten. Statt der Kalorienbombe Sahne kann man auch ganz einfach Mandelmilch nehmen. Das schmeckt sogar noch ein klein bisschen ausgefallener und besser als das Original. Mit Johannisbeeren bekommt es zusätzlich eine frische Note.

Mandel–Panna–Cotta

Für 6 Portionen ~ Dauert 30 Minuten

Man nehme 500 ml ungesüßte Mandelmilch ~ 1 Päckchen Gelatine ~
½ Vanilleschote ~ 250 g Johannisbeeren ~ 1 TL Kokosblütenzucker

1 ~ Bringe die Mandelmilch in einem Topf unter ständigem Rühren zum Kochen. Löse die Gelatine nach Anweisung auf und rühre sie in die Milch ein. Kratze das Mark mit einem Messer aus der Vanilleschote und rühre es ebenfalls unter. Fülle die noch heiße Mandelmilch in 6 Gläser und lasse sie abkühlen.

2 ~ Püriere die Johannisbeeren und den Kokosblütenzucker in einem Mixer und gib sie auf die fest gewordene Panna Cotta.

3 ~ Dekoriere die Gläser mit ein paar Johannisbeeren.

*#mandelmilchueberalles #kalorienwunder #johannisbeerfinish
#mandelmilchstattsahne #frischenote #mandelgeschmack*

Bananen sind erst so richtig reif, wenn sie braun werden. Ein paar Flecken machen mir nichts aus, aber wenn die Bananen mehr braune als gelbe Stellen haben, möchte ich sie eigentlich nicht mehr essen. Da ich aber keine Lebensmittel in den Müll werfe, backe ich aus den über-reifen Bananen leckere Bananenbrote. Das ist die ideale Resteverwertung.

BANANENBROT

Für 12 Portionen ~ Dauert 45 Minuten

Man nehme ½ Vanilleschote ~ 2 reife Bananen ~ 100 g Haferflocken ~ 2 Eier ~
1 EL Kokosöl ~ 50 g Honig ~ 100 g Birkenzucker-Schokodrops ~
200 g Dinkelmehl Type 1050 ~ 1 TL Backpulver

1 ~ Schneide die Vanilleschote der Länge nach auf und kratze mit einem Messer das Mark heraus. Mixe die Bananen mit den Haferflocken, den Eiern, dem Kokosöl, dem Honig, den Drops und dem Vanillemark gut durch und fülle alles in eine Schüssel.

2 ~ Quirle die Bananenmasse mit einem Handrührgerät und gib löffelweise das Dinkelmehl und das Backpulver hinzu. Rühre alles 3 Minuten auf höchster Stufe.

3 ~ Fülle den Teig in eine mit Backpapier aus-gelegte Kastenform und backe das Bananen-brot 1 Stunde im vorgeheizten Backofen bei 180 °C Umluft. Sollte es beim Backen etwas zu dunkel werden, decke die Form für die restliche Backzeit mit Backpapier ab. Lass das Bananenbrot auf einem Kuchengitter abkühlen.

*#bananenbrot #resteverwerter #ueberreif #nowastefood #lebensmittelretterin
#siehtauswiekuchen #haferbananenmischung*

süsses

Ich liebe Kuchen, vor allem, wenn er super cremig ist und die richtige Balance zwischen sahnig und fruchtig hat. Das ist bei diesem Dessert der Fall. Die Geschmackskombination aus Cheesecake und Mango harmoniert dabei so wunderbar, dass meine Freunde immer möchten, dass ich diese Creme zum nächsten Fest mitbringe.

CHEESECAKE–MANGO–CREME

Für 4 bis 6 Portionen ~ Dauert 1 Stunde und 15 Minuten

Man nehme 70 g Mango ~ ½ Vanilleschote ~ 250 g Frischkäse (10 % Fett) ~
250 g Magerquark ~ 2 EL Zitronensaft ~ 2 EL Vollrohrzucker ~
100 g Haferkekse (Rezept auf Seite 176)

1 ~ Mixe die Mango mit einem Pürierstab in einer Schüssel. Kratze das Mark mit einem Messer aus der Vanilleschote und gib es mit dem Frischkäse, dem Quark, dem Zitronensaft und dem Zucker hinzu.

2 ~ Verrühre alles mit einem Handrührgerät 2 bis 3 Minuten auf höchster Stufe cremig.

3 ~ Zerbrösele die Kekse und verteile sie auf kleine Gläser. Gib die Creme darüber und stelle sie 1 Stunde im Kühlschrank kalt.

#kuchenliebe #mitbringsel #cremigfruchtig #balanceakt #cheesecakemangofreude
#glasgenuss #kuchenalscreme

Kaiserschmarrn erinnert mich jedes Mal an all die schönen Skiausfahrten, die ich mit meiner Familie gemacht habe und die zahllosen Portionen Kaiserschmarrn, die ich in der Skihütte gefuttert habe. Inzwischen kann ich mir Kaiserschmarrn selbst machen und muss nicht mehr bis zum nächsten Winter warten.

KAISERSCHMARRN

Für 2 Personen ~ Dauert 30 Minuten

Man nehme 4 Eiweiß ~ ½ Vanilleschote ~ 350 ml Milch (1,5 % Fett) ~
40 ml Kokosöl ~ 1 EL Honig ~ 2 Eigelb ~ 150 g Dinkelmehl Type 1050 ~
1 TL Backpulver ~ 250 g entkernte Kirschen

1 ~ Schlage das Eiweiß mit einem Handrühr-gerät in einer Schüssel steif. Schabe das Mark mit einem Messer aus der Vanilleschote und mische es mit der Milch, dem Kokosöl, dem Honig und dem Eigelb in einer zweiten Schüs-sel mit dem Handrührgerät. Hebe es vorsich-tig unter den Eischnee.

2 ~ Verrühre das Mehl und das Backpulver mit der Eier-Milch-Creme zu einem glatten Teig.

3 ~ Erhitze eine beschichtete Pfanne und backe den Teig 10 Minuten bei mittlerer Hitze goldgelb aus. Teile den Teig mit einem Spatel in mundgerechte Stücke, backe diese noch 2 Minuten fertig und verteile sie auf zwei Teller.

4 ~ Koche die Kirschen kurz in der noch heißen Pfanne auf und serviere sie zum warmen Kaiserschmarrn.

*#kaiserschmarrngenuss #winterliebe #skikursbelohnung #eischnee #skifahren
#futterninderhuette #gipfelstuermer*

Bei meiner Oma im Garten steht ein kleiner Zwetschgenbaum, der jedes Jahr mehr Zwetschgen hat, als die Äste eigentlich tragen können. So fällt die Ernte immer sehr reichlich aus. Ich erinnere mich sehr gerne an die Zeiten, an denen ich mich allein am Zwetschgenkompott meiner Oma satt essen konnte. Auch heute fahre ich noch zu diesem Baum, ernte ein paar Zwetschgen und erinnere mich an meine liebe Oma.

MILCHREIS MIT ZWETSCHGENKOMPOTT

Für 4 Portionen ~ Dauert 1 Stunde

Man nehme ½ Vanilleschote ~ 600 ml Milch (1,5 % Fett) ~ 2 EL Kokosblütenzucker ~
1 Prise Salz ~ 150 g Milchreis ~ 300 g Zwetschgen

1 ~ Kratze mit einem Messer das Mark aus der Vanilleschote und gib es mit der Milch, 1 EL Kokosblütenzucker und dem Salz in einen Topf. Koche die Milch unter ständigem Rühren auf. Gib den Milchreis dazu und lasse ihn 20 bis 25 Minuten bei geringer Hitze quellen, dabei rühre gelegentlich um.

2 ~ Entferne die Steine aus den Zwetschgen, mixe sie mit 1 EL Kokosblütenzucker mit dem Pürierstab fein und koche sie in einem Topf unter Rühren auf. Lasse sie 10 Minuten bei geringer Hitze köcheln.

3 ~ Fülle den Milchreis in Schüsseln, verteile Zwetschgenkompott darauf und dekoriere das Dessert mit ein paar Zwetschgenstücken.

*#erntezeit #omaszwetschgenkompott #milchtrifftreis #zwetschgensatt
#kokosbluetenzucker #zwetschgenbaumerinnerung*

FITNESS

Sei einfach die beste
Version von dir selbst.

~

FITNESS—
PROGRAMM

*Fitness ist für mich mehr als nur ein Trend – vielmehr eine Lebenseinstellung.
Ich versuche, mich gesund und ausgeglichen zu ernähren und meinen Körper
langfristig fit zu halten. Dazu gehören regelmäßige kleine Workouts. Hier sind
ein paar Hinweise für dein persönliches Fitnessprogramm:*

~ Achte immer auf eine saubere und langsame Ausführung der Übungen.
~ Atme ruhig und entspannt während der Übungen.
~ Mache nach jedem Satz eine kurze Pause.
~ Trinke viel Wasser zwischen den Übungen.
~ Solltest du mehr als die empfohlenen Wiederholungen schaffen, kannst du die
  Übungen dadurch steigern, dass du die Positionen länger hältst, Kurzhanteln in die
  Hände nimmst oder Gewichte auf deinen Oberkörper legst.
~ Die Bedürfnisse und Fähigkeiten sind individuell unterschiedlich, weshalb diese
  Übungen nur einen Vorschlag darstellen. Wenn du im Hinblick auf deine Fitness-
  ziele, deine Körperwahrnehmung oder dein Verhältnis zum Trainieren beunruhigt
  bist, suche einen Arzt oder Psychologen auf.

*#bauchspannung #wechselschritte #wiederholungstaeter #wechselseitig
#sprungmeister #bodenkontakt #geraetelos #bewegungsdrang*

1. STRECKSPRÜNGE

3 Sätze, 12 – 15 Wiederholungen

Stelle Dich aufrecht hin, die Beine schulterbreit und die Fußspitzen gerade nach vorne. Gehe in die Knie, bis deine Oberschenkel fast parallel zum Boden sind. Verlagere dein Gewicht hauptsächlich auf die Fersen, um die Knie nicht übermäßig zu belasten.

Halte den Rücken gerade und neige den Oberkörper leicht nach vorne. Bauch und Beine sind angespannt. Deine Arme sind neben deinem Körper nach hinten gestreckt, damit du Schwung für den Sprung holen kannst. Die Handflächen sind geöffnet.

Drücke dich fest und kräftig vom Boden ab, strecke deinen Körper und springe möglichst hoch. Lande auf dem vorderen Fuß und rolle bis zur Ferse ab, wo du wieder deinen Schwerpunkt hältst.

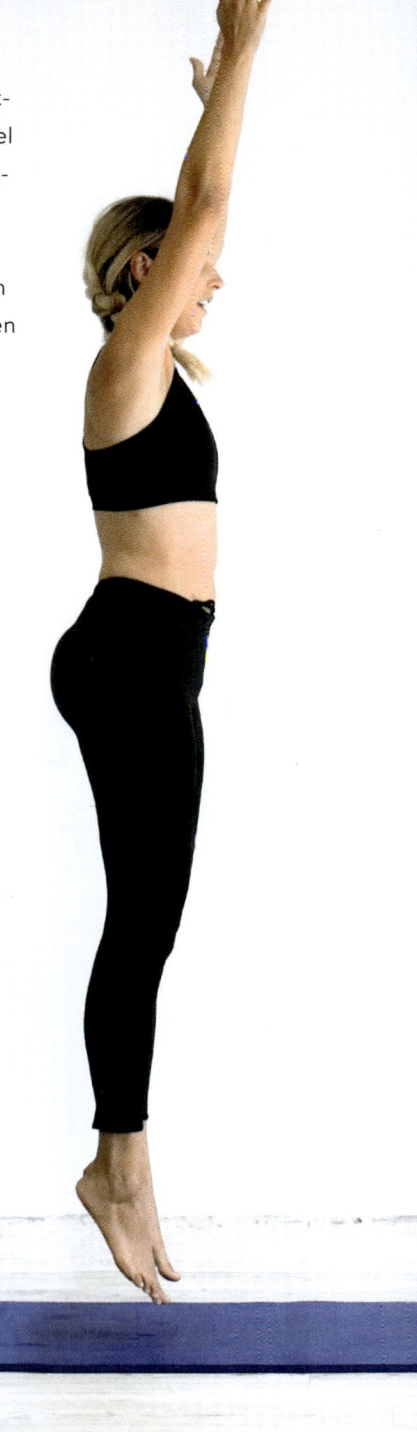

2. AUSFALLSCHRITTE

3 Sätze, 12 – 15 Wiederholungen

Stelle dich aufrecht hin, die Beine hüftbreit. Lege deine Hände auf die Hüften und mache mit dem rechten Bein einen großen Schritt nach vorne.

Beuge langsam die Beine. Bleibe dabei aufrecht und halte die Körperspannung. Das linke Knie berührt jetzt fast im 90-Grad-Winkel den Boden. Achte darauf, dass deine Knie wie die Fußspitzen nach vorne zeigen.

Bleibe kurz in dieser Position und drücke dich mit dem rechten Bein wieder nach oben. Wechsele nach jedem Satz das Bein.

3. KNIEBEUGEN

3 Sätze, 12 – 15 Wiederholungen

Stelle Dich aufrecht hin, die Beine schulterbreit und die Fußspitzen leicht nach außen
gestellt. Strecke deine Brust heraus und ziehe
deine Schulterblätter zurück.

Beuge langsam die Knie, wobei sich dein Po
nach hinten bewegt, bis die Oberschenkel
parallel zum Boden sind. Halte den Rücken
dabei gerade. Versuche deine Knie nicht
über die Fußspitzen zu beugen, um sie nicht
unnötig zu belasten.

Bleibe kurz in dieser Position und drücke
deinen Körper über die Fersen kraftvoll
nach oben. Halte den Rücken dabei gerade
und den Bauch angespannt.

4. RÜCKENHEBEN

3 Sätze, 12 – 15 Wiederholungen

Lege Dich flach mit dem Bauch auf die Matte.
Strecke deine Arme nach hinten, die Handflä-
chen offen nach oben zeigend. Halte deinen
Kopf dabei gerade als Verlängerung deiner
Wirbelsäule.

Spanne deinen ganzen Körper an. Hebe
gleichzeitig die Arme und Beine an, wobei der
Bewegungsradius sehr gering ist. Versuche
diese Position so lang wie möglich zu halten.

Lege deine Arme und Beine langsam wieder
ab. Starte nach einer kurzen Pause in die
nächste Wiederholung.

5. LAT-DRÜCKEN

3 Sätze, 12 – 15 Wiederholungen

Lege dich mit geradem Rücken flach auf die Matte. Deine Oberarme liegen auf dem Boden, die Unterarme zeigen senkrecht nach oben. Beuge deine Beine so weit, dass in den Knien ein 90-Grad-Winkel entsteht. Die Füße berühren fest die Matte.

Spanne deinen ganzen Körper an und strecke den Oberkörper senkrecht nach oben. Dein Körper kommt in eine Schwebeposition, bei der nur die Fersen, der Po und die Ellenbogen Bodenkontakt haben. Der Blick geht nach vorne.

Halte diese Position kurz und senke deinen Oberkörper langsam ab. Lege ihn aber nicht auf der Fitnessmatte ab, sondern starte direkt in die nächste Wiederholung.

6. RÜCKENSTRECKEN

3 Sätze, 12 – 15 Wiederholungen

Knie dich auf die Matte und stütze deinen Oberkörper auf deine Handflächen, die nach vorne zeigen. Spanne deinen gesamten Körper während der Übung an.

Strecke deinen linken Arm und dein rechtes Bein gleichzeitig nach oben. Halte den Rücken dabei gerade und spanne den Bauch an. Halte diese Streckung für einige Sekunden.

Nimm den Arm und das Bein langsam wieder nach unten und wiederhole die Übung sofort mit deinem rechten Arm und deinem linken Bein.

7. LIEGESTÜTZE

3 Sätze, 12 – 15 Wiederholungen

Knie dich auf die Matte und stütze deinen Oberkörper auf deine Handflächen, die nach vorne zeigen. Deine Arme sind leicht angewinkelt. Beuge die Knie im 90-Grad-Winkel und strecke die Fußspitzen aus. Spanne deinen gesamten Körper während der Übung an.

Beuge deine Arme ganz langsam, sodass dein Oberkörper sich dem Boden nähert. Halte deinen Kopf dabei gerade als Verlängerung deiner Wirbelsäule.

Bevor dein Oberkörper auf dem Boden aufliegt, halte die Position kurz. Drücke dich langsam in die Ausgangsposition zurück. Starte direkt die nächste Wiederholung.

8. MOUNTAIN CLIMBERS

3 Sätze, 20 – 25 Wiederholungen

Platziere deine Hände flach und schulterbreit auf der Matte, strecke die Arme aus und stütze so deinen Oberkörper ab. Dabei zeigen die Finger nach vorne. Strecke deine Beine nach hinten aus und stelle sie hüftbreit nebeneinander auf die Zehenspitzen. Spanne deinen ganzen Körper an und achte auf eine gerade Haltung des Rückens und des Kopfes.

Ziehe das rechte Knie nahe an den rechten Ellenbogen, während der Fuß gestreckt bleibt. Bewege das rechte Bein in die Ausgangsposition zurück und ziehe gleichzeitig das linke Knie nach vorne. Vollführe diese Bewegung abwechselnd mit dem rechten und dem linken Bein. Achte stets darauf, dass sich beide Beine gleichzeitig bewegen. Während ein Knie nach vorne geht, wandert das andere nach hinten.

Die Bewegung findet nur hüftabwärts statt. Der Oberkörper bleibt während der gesamten Übung eher ruhig.

9. CRISS CROSS

3 Sätze, 12 – 15 Wiederholungen

Setze dich auf den Po, beuge die Knie etwas und hebe die Beine vom Boden ab. Winkele deine Arme an und berühre mit den Fingern die Seiten deines Hinterkopfs. Die Ellenbogen zeigen dabei nach außen, die Oberarme liegen auf einer Linie. Spanne deinen ganzen Körper an.

Ziehe dein rechtes Knie in Richtung linke Schulter und bewege den linken Ellenbogen zum Knie hin, bis sich beide berühren. Gehe langsam wieder in die Ausgangsposition zurück und wiederhole die Ausführung mit dem linken Knie und dem rechten Ellenbogen.

10. RUSSIAN TWIST

3 Sätze, 12 – 15 Wiederholungen

Setze dich mittig auf die Matte, beuge
die Knie zu einem 90-Grad-Winkel und
stelle deine Fersen auf den Boden. Lehne
den Oberkörper etwas nach hinten, halte
dabei den Rücken gerade. Beuge die
Ellenbogen ebenfalls im 90-Grad-Winkel
und halte die Hände vor deinem Körper
zusammen. Spanne deinen Körper an und
hebe deine Fersen vom Boden ab.

Drehe den Oberkörper so weit wie möglich auf die rechte
Seite, halte die Position kurz und drehe ihn auf die linke
Seite. Achte darauf, dass der Rücken gerade bleibt und
du den Kopf als Verlängerung deiner Wirbelsäule hältst.

DEHNÜBUNGEN

Dehnen nach dem Krafttraining ist nicht nur wichtig, um das Verletzungsrisiko zu senken und sich wieder zu regenerieren, sondern auch, weil man sich danach viel besser fühlt. Ich spüre nach den Dehnübungen eine tiefe Erholung, obwohl ich mich 15 Minuten davor noch richtig ausgepowert habe.

Dehnübungen sind auch für die Beweglichkeit wichtig. Bevor ich mich regelmäßig gedehnt habe, war ich richtig unbeweglich, und es grenzte an einem Wunder, dass ich mir überhaupt die Socken wieder anziehen konnte. Inzwischen bin ich wesentlich fitter nach dem Training. Probiere meine Übungen aus! Es lohnt sich.

#dehngenuss #entspannungsteil #rueckenstrecker #hueftdehner

1. NACKEN HINTEN DEHNEN

Stelle dich aufrecht hin, die Beine hüftbreit. Strecke die Arme leicht zur Seite vom Körper weg. Deine Handflächen zeigen dabei nach vorne, die Daumen nach außen.

Neige den Kopf langsam nach vorne, bis dein Nacken hinten spannt. Halte vorsichtig dagegen, sodass der Nacken gedehnt wird. Halte diese Position mindestens 30 Sekunden. Nimm den Kopf wieder langsam nach oben.

2. NACKEN SEITLICH DEHNEN

Stelle dich aufrecht hin, die Beine hüftbreit. Strecke die Arme leicht zur Seite vom Körper weg. Halte mit der rechten Hand deinen Kopf von oben fest.

Ziehe deinen Kopf mit der Hand vorsichtig zur rechten Schulter, bis die linke Seite des Nackens spannt. Halte diese Position mindestens 30 Sekunden und nimm den Kopf wieder in die Mitte. Wechsele die Hand und dehne auch die rechte Seite des Nackens.

3. RÜCKEN DEHNEN

Stelle dich aufrecht hin, die Beine hüftbreit. Strecke deine Arme und Hände neben dem Körper nach unten.

Beuge deinen Rücken langsam und intensiv soweit wie möglich nach vorne. Halte diese Position mindestens 30 Sekunden und strecke langsam den runden in einen geraden Rücken.

4. ARME DEHNEN

Stelle dich aufrecht hin, die Beine hüftbreit. Bewege den linken Arm ausgestreckt vor deinen Körper und halte ihn mit der rechten Hand fest.

Ziehe den linken Arm an die rechte Schulter, bis beide gedehnt werden. Halte diese Position mindestens 30 Sekunden und wechsle langsam die Seiten, sodass auch der rechte Arm gedehnt wird.

5. BRUST DEHNEN

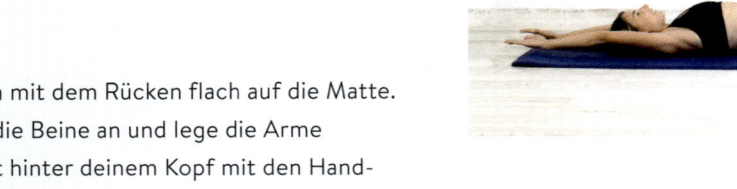

Lege dich mit dem Rücken flach auf die Matte. Winkele die Beine an und lege die Arme gestreckt hinter deinem Kopf mit den Handflächen nach oben.

Strecke die Arme gerade nach oben aus, hebe dabei den Oberkörper leicht an. Deine Hände zeigen über die Knie. Halte diese Position mindestens 30 Sekunden und kehre in die Ausgangsposition zurück.

6. BAUCH DEHNEN

Stelle dich aufrecht hin, die Beine etwas weiter als hüftbreit. Deine Fußspitzen zeigen gerade nach vorne. Strecke deinen rechten Arm nach oben, die Handflächen sind dabei geöffnet und zeigen nach oben, dein Daumen zeigt nach vorne. Stütze den linken Arm auf deine Hüfte.

Lehne deinen Oberkörper nach links, bis er seitlich gedehnt wird. Die Füße bleiben dabei fest auf dem Boden. Halte die Position mindestens 30 Sekunden. Gehe mit dem Oberkörper langsam zurück in die Mitte. Wechsele die Haltung der Arme und wiederhole die Übung mit dem linken Arm.

7. HÜFTE DEHNEN

Knie dich auf den Boden und stelle das linke
Bein nach vorne. Beide Beine zeichnen einen
90-Grad-Winkel. Stütze deine Hände auf
Hüfthöhe an deinen Rücken.

Strecke deine Hüfte soweit es geht nach vorne,
bis sie gedehnt wird. Halte diese Position mindestens 30 Sekunden. Gehe langsam wieder
in die Ausgangsposition zurück.
Wechsele die Haltung der Beine
und wiederhole die Übung
mit dem rechten Bein.

8. BEINE INNEN DEHNEN

Stehe aufrecht, stelle das rechte Bein mit einem großen Schritt zur Seite, stütze mit deinen Händen die linke Hüfte und beuge das linke Knie, bis du eine Spannung auf der Innenseite der Beine spürst. Halte den Oberkörper dabei gerade. Halte diese Position mindestens 30 Sekunden. Strecke langsam beide Beine wieder, bis du aufrecht stehst.

Wechsele die Haltung der Beine und wiederhole die Übung mit dem rechten Knie.

9. BEINE HINTEN DEHNEN

Stehe aufrecht, stelle das rechte Bein mit einem großen Schritt nach vorne und beuge das Knie in einem 90-Grad-Winkel. Stütze dich mit beiden Händen auf dem rechten Oberschenkel ab. Das linke Bein bleibt gestreckt und der linke Fuß fest auf dem Boden. Lehne dich etwas nach vorne, um das Bein gut zu strecken. Halte diese Position mindestens 30 Sekunden. Strecke das Knie wieder gerade und richte dich auf.

Wechsele die Haltung und wiederhole die Übung mit dem linken Knie.

10. BEINE VORNE DEHNEN

Stelle dich aufrecht hin, die Beine hüftbreit. Halt dich am besten an einer Wand fest und winkele das rechte Bein soweit an, bis es nicht mehr geht. Greife deinen Knöchel mit der rechten Hand und halte diese Position mindestens 30 Sekunden.

Wechsele die Haltung der Beine und wiederhole die Übung mit dem linken Bein. Kehre langsam wieder in den normalen Stand der Ausgangsposition zurück.

DANKE

Mama und Papa ~ Danke, dass ihr mir gezeigt habt, wie man gesund und ausgewogen lebt. Danke, dass ihr auch immer bei allen meinen (Um-)Wegen an mich geglaubt und mich unterstützt habt.

Oma ~ Danke, dass du immer für mich da bist, immer ganz besonders lecker und gesund für mich gekocht hast und für den Einblick in das wunderbare Kochbuch von Uroma.

Nicolas ~ Danke, dass du mich bei meinen Bildern unterstützt, selbst Bilder von mir gemacht, Ratschläge gegeben, probegegessen und immer an mich geglaubt hast.

Sebastian ~ Danke für die zahllosen Ratschläge, wie meine Rezepte noch besser werden können. Fürs Probieren von den guten und misslungenen Gerichten, fürs Aufnehmen der Bilder, wenn ich eine zusätzliche Hand gebraucht habe, und das Ertragen der absolut chaotischen Zustände in der Küche, meiner verrückten Ideen und ausgefallenen Projekte.

Andrea ~ Danke für deinen seelischen und moralischen Beistand bei diesem riesigen Projekt und fürs Modellstehen für verschiedene Bilder.

Daniela, daniela-knipper.de ~ Danke für deinen lieben und geduldigen Einsatz beim Cover Shooting. Es ist wunderbar geworden.

Asrai ~ Danke, dass ich für das Cover Shooting deine Küche komplett umräumen, umgestalten und verunstalten durfte.

Stefanie, come-on-in-my-kitchen.de ~ Danke für deine Geduld mit mir als Model vor deiner Kamera und für die wunderbaren Bilder von mir in meinem Buch.

Esther und Tobi ~ Danke, dass ihr für mich alles probiert und eure Zeit investiert habt.

Julia ~ Danke für deine Geduld mit mir und dass du an meiner Seite während dieses riesigen Projekts warst.

Motelamio ~ Danke für die wunderbaren Teller, die ich von euch geschenkt bekommen habe. Sie waren wirklich eine Bereicherung.

Meine Leser und Follower ~ Danke für euer Feedback und eure Unterstützung. Ihr motiviert mich Tag für Tag, Neues in der Fitnessküche auszuprobieren.

Strecksprünge 201

Ausfallschritte 202

Kniebeugen 203

Rückenheben 204

Lat-Drücken 205

Rückenstrecken 206

Liegestütze 207

Mountain Climbers 208

Criss Cross 209

Russian Twist 210

Nacken ht. dehnen 211

Nacken stl. dehnen 212

Rücken dehnen 213

Arme dehnen 213

Brust dehnen 214

Bauch dehnen 214

Hüfte dehnen 215

Beine innen dehnen 216

Beine hinten dehnen 216

Beine vorne dehnen 217

DIE WIRST DU AUCH LIEBEN

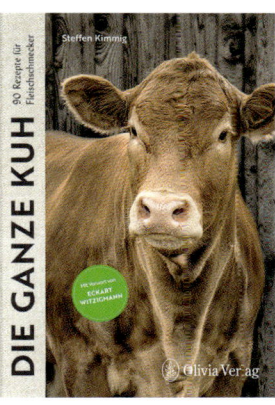

Dieses Kochbuch bietet absolute Geschmacksgarantie: Alle 72 Rezepte sind von Kindern geprüft und für gut befunden. Michael König ist Vater von drei Kindern und leidenschaftlicher Koch. Seine Erfahrungen aus unzähligen Kochstunden stecken in diesem Buch: Suppen, Salate, Aufläufe, Gemüse-, Fleisch- und Fischgerichte sowie Nachtisch und Kuchen. Die Gerichte in dem Kochbuch KINDERTELLER sind einfach und anschaulich präsentiert.

ISBN 978-3-9814-5660-8

Schmeckt Kartoffelsalat eigentlich am besten mit Mayonnaise oder mit Essig? Oder vielleicht nach Steirischer Art? Köstlich ist er übrigens auch in der mediterranen Variante mit Calamaretti oder zubereitet mit Süßkartoffeln, Chorizo und Kirschtomaten. So wie für den Kartoffelsalat bietet das neue Kochbuch LECKER HOCH 5 für 80 Gerichte jeweils 5 leckere Varianten und damit insgesamt 400 Rezepte für jeden Geschmack an.

ISBN 978-3-9814-5662-2

Muss es immer Filet sein? Eine Kuh besteht nicht nur aus Keule, Rücken und Filet. Saftiges Gulasch vom Halsstück, Leber mit Äpfeln und Zwiebeln oder Vitello tonnato vom Tafelspitz zeigen, wie lecker die komplette Verwertung des Tieres sein kann. In dem Kochbuch DIE GANZE KUH finden sich 90 Gerichte von (fast) allen Teilen des Rinds: Nose to Tail, aus Wertschätzung dem Tier gegenüber und aus Interesse an außergewöhnlichen Rezepticeen.

ISBN 978-3-9814-5664-6

Mehr Infos unter olivia-verlag.de

IMPRESSUM

REZEPTE, ÜBUNGEN, FOTOS & TEXTE
Katharina Traub ~ katharinasfitnesskueche.de

MOODFOTOS
Unsplash (Vorsatz, S. 7, 10, 14, 26, 27, 39, 50, 51, 66, 88, 96, 129, 140, 141, 152, 164, 200, 218, Nachsatz), istockphoto (S. 67, 108, 126, 128), Adobe Stock (S. 86)

REDAKTION
Michael Albrecht

LEKTORAT
Kirsten Albrecht, Dr. Yvonne Braun, Andrea Schefold, Kathrin Steinbeck

GESTALTUNG
Andrea Wong ~ andreawong.de

DRUCK & BINDUNG
Passavia Druckservice GmbH & Co. KG, Passau ~ passavia.de

© 2018 Olivia Verlag München
1. Auflage 2018

Olivia Verlag e. K.
Frickastraße 14, 80639 München
olivia-verlag.de

Die Autorin hat dieses Buch nach bestem Wissen und Gewissen erarbeitet. Alle Rezepte, Übungen, Texte, Tipps und Ratschläge sind mit Sorgfalt ausgewählt, recherchiert und geprüft. Eine Haftung des Verlages und seiner Beauftragten für alle erdenklichen Schäden an Personen, Sach- und Vermögensgegenständen ist ausgeschlossen.

ISBN 978-3-9814-5665-3